國際衝突與國家安全戰略

——國際傳播視角

吳非、胡逢瑛·著

自序

　　自2007年美國發生金融危機之後，中國大陸正式藉2008年舉辦奧運會的機會正式宣佈崛起，並且在2010年歐盟中的希臘由於債信危機，歐盟在國際間的角色正是弱化，這樣中國大陸周邊的國際衝突與國家安全戰略的發展成為觀察中國大陸的主要問題。本書《國際衝突與國家安全戰略：國際傳播視角》主要涉及俄羅斯、美國，隨著中國大陸的崛起，世界各國對於國際戰略安全的穩定性提出強烈的要求。

　　本書共分為三十個標題：俄美聯盟，中國尷尬；俄美中三國戰略大博弈；俄羅斯將延續普京國安路線；谷歌為意識形態犧牲；空難衝擊俄波關係；中亞吉爾吉斯斯坦政變將會常態化；西方國家在俄羅斯押寶；梅普在安全問題上有嫌隙；伊朗深藏顏色革命可能；運用中華經典抗衡美國；拋售美債只是金融手段；俄美角力影響獨聯體；新年中美關係微妙震盪；美軟圍堵中國漸成形；2010年中美關係將危而不險；俄羅斯面臨外交大轉型；中俄貿易戒「灰色清關」；俄「新黨國體制」已成形；外高加索諸國媒體變質；西方逐漸接受俄式民主；普京再讓西方大吃一驚；新疆維穩需要國際合作；用現代傳播手段維護穩定；兩大障礙阻中俄結盟；俄導彈戰略獲得成功；中俄在危機處理中崛起；俄羅斯處於黨政磨合期；What is aim for International Communication；與大赦國際對話人權；達賴喇嘛確認繼承者境外轉世和執政委員會七人小組將成立。

　　筆者認為，中美俄已經在國際政治中形成三足鼎立的狀態，其中歐盟和東協由於自身沒有垂直的慣例系統，而在世界局勢中

出局。這樣美國勢必需要尋找除歐盟和東盟之外新的夥伴。當美國部分智庫提出中美兩國共同成為G2的概念時，中國選擇了拒絕的態度，其實中國的做法是有問題的。最主要的原因在於美國的戰略專家在為美國金融擴張後的不良後果尋找新的方向，中國應該按照自己思路完善G2思維最好。比如中國能夠可以將俄羅斯也納入新的世界格局裡面，這樣中國與俄羅斯的關係就會提升到新的階段。

俄羅斯與中國最大的問題在於，當俄羅斯出現困難時，中國一般採取袖手旁觀的態度，這樣使得中國大量的俄羅斯專家完全沒有表現的舞台；而當中國出現問題時，俄羅斯一般也是無動於衷，對於中國的需求完全不進入狀況，其中最重要的原因在於俄羅斯的中國問題專家基本上不在普京和梅德韋傑夫的決策層，中國也錯誤採取金錢收買的方式對待俄羅斯的中國問題專家，基本上中國收買一個，俄羅斯就疏遠一個。

自2000年後俄羅斯對於歐洲的威脅整體降低，因為俄羅斯在顏色革命時對格魯吉亞、烏克蘭、吉爾吉斯政權的變化採取了默認的態度，這樣俄羅斯的戰略重新擴張到東歐的可能性已經大大降低，俄羅斯和歐洲國家的默契就是戰略擴張大約僅僅是在獨聯體國家內。中國在未來的世界格局中的角色還沒有確認，最主要是由於自1840年後，中國已經成為殖民地和半殖民地的國家，中國在世界政治沒有角色基本是常態，現在隨著中國大陸崛起，中國如何定位自己的角色將是世界政治觀察的重點。

2004年在香港《大公報》主筆王椰林先生的邀請下開設「傳媒睇傳媒」專欄，並且2005年之後開始向國際關係與國際傳播的方向寫作，在這裡還得感謝王椰林先生的包容，讓我發表很多不同於中國大陸很多官方媒體的觀點。

　　筆者在台灣國立政治大學傳播學院所做的「蘇俄與中國的媒體
發展與轉型」系列演講，並感謝楊麗玲老師對於演講的總結。

　　筆者這本書中使用了來自：新華社網站、中新社網站、中評社
網站、南方日報網站、南方週末網站、香港鳳凰網站、香港大公報
網站、維基百科網站、多維新聞網等媒體的資料和圖片，在此表示
感謝。

　　感謝中國新聞史學會榮譽會長方漢奇教授、中國新聞史學會
會長趙玉明教授、復旦大學張駿德教授、童兵教授、李良榮教授、
黃芝曉教授、黃旦教授、張濤甫副教授、張殿元副教授、馬凌副教
授、華東師範大學馮紹雷教授、新華社副總編輯俱孟軍先生、《新
聞記者》總編輯呂怡然先生、中國人民大學鄭保衛教授、陳力丹教
授、北京大學程曼麗教授、清華大學李希光教授、崔保國教授、郭
鎮之教授，中國傳媒大學的雷越捷教授、陳衛星教授、深圳大學吳
予敏教授、華南理工大學李幸教授、趙鴻教授、河南大學李建偉教
授、張舉璽教授、浙江工商大學徐斌教授、博梅教授。

香港城市大學首席教授李金銓教授、朱祝建華教授、何舟副教授、香港中文大學陳韜文教授、李少南教授、蘇鑰機教授、馮應謙副教授、丘林川助理教授、香港浸會大學黃昱教授、余旭教授、亞洲電視台副總裁劉瀾昌先生、鳳凰衛視評論員何亮亮先生、鳳凰衛視時事辯論會策劃人鐘麗瓊編輯也給予很多的支持。

筆者的研究在暨南大學也得到了校長胡軍教授、校黨委書記蔣述卓教授、副校長林如鵬教授、副校長劉潔生教授、統戰部部長楊松教授、國際處處長余惠芬教授、人事處長饒敏教授、教務處張榮華處長、張宏副處長、王力東副處長、珠海學院系主任危磊教授的支持，在學院內有院長范已錦教授、常務副院長董天策教授、書記劉家林教授、蔡銘澤教授、曾建雄教授、馬秋楓教授、薛國林教授、李異平教授等前輩的肯定。

在筆者曾服務過的廈門大學也得到了校長朱崇實教授、副校長張穎教授的支持，在專業上也得到了新聞傳播學院陳培愛教授、黃星民教授、許清茂教授、趙振翔教授、黃合水教授的支持和肯定。

　　這幾年但筆者在台灣時，還得到台灣元智大學校長彭宗平教授、台北大學校長侯崇文教授、元智大學通識教學部主任王立文教授、孫長祥教授、謝登旺教授、尤克強教授、人社院院長劉阿榮教授、政治大學李瞻教授、朱立教授、馮建三教授、蘇蘅教授、俄羅斯研究所長王定士教授、台灣大學張錦華教授、林麗雲副教授、張清溪教授、淡江大學張五岳教授、交通大學郭良文教授、南華大學郭武平教授、戴東清助理教授、亞太和平基金會董事長趙春山教授、政治大學教授和陸委會副主委趙建民先生、企劃部主任陳逸品研究員、美國自由亞洲電台駐台灣首席記者梁冬先生等的支持和照顧，另外筆者還接觸許多和善的媒體人，這包括南方朔先生、楊度先生、《商業週刊》發行人金惟純先生、《遠見》雜誌的發行人王力行女士、《中國時報》總主筆倪炎元先生、《中國時報》副總編、主筆郭崇倫先生這使得筆者的台灣研究異常深入。

　　之所以要感謝這麼多人，主要是筆者在國際問題研究中非體制上的人，這些前輩、良師益友進行充分的交流，使得筆者的國際問題研究更具有多元性。

2009年底筆者與臺灣前外交部長、監察院院長、現任國泰基金會董事長錢復先生及元智大學通識教學部部長王立文教授、胡逢瑛助理教授及俄羅斯外交部直屬國際關係學院盧金教授在台俄論壇的合影。

　　同時還感謝新華網、人民網、鳳凰網、新浪網、中評網等網路媒體所給予的支持，並轉載我的文章。

　　最後筆者感謝林世玲小姐的幫助，本書的出版還得到秀威出版社發行人宋政坤先生的鼎力支持。本書在國際戰略關係和國際傳播上做出初次嘗試，仍存在大量問題，並請台灣、香港、大陸的讀者多多指正。

吳非

於台灣元智大學五館
2010年3月13日

目次 *contents*

自序 >>>i

1. 俄美聯盟，中國尷尬 >>>001

2. 俄美中三國戰略大博弈 >>>007

3. 俄羅斯將延續普京國安路線 >>>013

4. 谷歌為意識形態犧牲 >>>019

5. 空難衝擊俄波關係 >>>025

6. 吉國政變將會常態化 >>>031

7. 西方國家在俄羅斯押寶 >>>035

8. 梅普在安全問題上有嫌隙 >>>039

9. 伊朗深藏顏色革命可能 >>>043

10. 運用中華經典抗衡美國 >>>049

11. 拋售美債只是金融手段 >>>053

12. 俄美角力影響獨聯體 >>>059

13. 新年中美關係微妙震盪 >>>065

14. 美軟圍堵中國漸成形 >>>071

15. 2010年中美關係將危而不險 >>>077

16. 俄羅斯面臨外交大轉型 >>>081

17. 中俄貿易戒「灰色清關」 >>>087

18. 俄「新黨國體制」已成形 >>>093

19. 外高加索諸國媒體變質 >>>099

20. 西方逐漸接受俄式民主 >>>103

21. 普京再讓西方大吃一驚 >>>107

22. 新疆維穩需要國際合作 >>>111

23. 用現代傳播手段維護穩定 >>>117

24. 兩大障礙阻中俄結盟 >>>123

25. 俄導彈戰略獲得成功 >>>129

26. 中俄在危機處理中崛起 >>>135

27. 俄羅斯處於黨政磨合期 >>>141

28. What is aim for International Communication >>>145

29. 與大赦國際對話人權 >>>149

30. 達賴喇嘛確認繼承者境外轉世和執政委員會七人小組將成立 >>>161

31. 【附錄一】大赦國際大事記 >>>165

32. 【附錄二】專訪西藏流亡政府駐台代表達瓦才仁 >>>173

33. 【附錄三】專訪政治大學俄羅斯研究所王定士教授：
俄羅斯經驗可供臺灣參考 >>>183

俄美聯盟，中國尷尬[1]

【大公短評】根據美國一份秘密報告顯示，俄羅斯計劃轉向更加實用的外交政策，旨在與美歐建立更加緊密的聯繫，以助其落後的工業現代化。這樣俄羅斯與美國的聯手將會成為必然，屆時中國的角色是否會非常尷尬？

　　5月12日美國《華爾街日報》網站發表了一篇當天的頭條文章〈俄羅斯內部秘密報告發出親歐美信號〉。文章指出根據美國一份秘密報告顯示，俄羅斯計畫轉向更加實用的外交政策，旨在與美歐

---

[1] 本文發表於香港《大公報》，2010年5月22日。

建立更加緊密的聯繫以幫助將其落後的工業現代化。這份方案詳細闡明了由克里姆林宮以往奉行的更具對抗性路線進行轉變的計畫，並特別讚揚了美國總統歐巴馬政府採取的與莫斯科更加合作的態度。俄羅斯一名政府官員證實了該文件的真實性。這份文件是俄羅斯外長拉夫羅夫呈交給總統梅德韋傑夫的。該文件由俄《新聞週刊》5月第20期的封面專題報導全文提出，報導名稱為：「全球熱點：俄羅斯外交秘密報告寫了什麼？」

俄美聯手成為趨勢

拉夫羅夫提出兩點意見：一是俄羅斯應該減弱與美國在軍事、情報系統的對抗；二是金融危機耗費了俄羅斯大量的外匯存底，俄必須依靠引進西方資本和技術來改善國有企業和調整寡頭資本的投資結構。1998年俄羅斯遇到金融危機時，俄羅斯經濟的主要支柱是外資和寡頭，外資撤走、寡頭變節使得俄羅斯成為金融危機的重災區；現在則變為能源企業、國有企業、外資和寡頭四家馬車並行，外資大量撤出後，俄政府採取穩定住寡頭，世界的能源價格不下降情況下，俄羅斯需要搞好自身的外部環境渡過難關。

在冷戰結束之後，俄羅斯與美國無論是聯手還是聯盟，基本上都是天方夜譚。但美國遇到的挑戰確是百年一遇，基本上美國金融寡頭所操縱的金融槓桿，把美國三百年民主所建立的誠信一掃而空。對此，同屬於美國陣營的歐盟和東盟國家對於美國這樣的金融政策基本不支持，同時中國與美國在人民幣、進出口順差、人權、區域擴張等一些列問題上存在嚴重分歧，這樣俄羅斯與美國的戰略趨近性就非常明顯。

　　首先，俄羅斯在歐洲的擴張已經是不可能的事實，歐洲同時存在三個非常強大的組織：歐盟、北約、歐安會。這三個組織的存在使得俄羅斯無法再次染指歐洲內部的事物。梅德韋傑夫早在去年11月在每年一度的議會致辭中呼籲加強俄羅斯外交政策中的歐洲方針。梅德韋傑夫認為，打腫臉充胖子是沒有意義的，親歐的外交政策有助於使俄羅斯不發達的經濟現代化。俄外交部長拉夫羅夫呼籲與歐洲國家建立「現化代聯盟」以吸引所需的技術，找到機會來使用美國的技術潛力是必要的。俄羅斯相關智庫人員指出德國、法國、義大利及西班牙應為俄羅斯最親密的歐洲合作夥伴。

　　其次，美國與俄羅斯聯手主要是弱化歐盟，尤其是讓歐元的貶值成為常態。2008年當美國遇到金融危機後，其他國家首先選擇的是把美元換成歐元作為保值貨幣，這樣美國為歐洲構建的北約失去了其在安全上的作用，等於是說美國透過北約為歐洲提供保護，但歐元確成了世界範圍內的避險貨幣，美元在危機中被拋棄。美國現在採取讓貨幣價值全面混亂，然後再讓美元堅挺的措施。這樣俄羅斯的配合就顯得相當重要。

歐盟、歐元妨礙美國發展

　　自蘇聯解體之後，世界進入由美國主導的全球化時代，在單極化世界裡，最初九十年代最為顯著的成效是歐盟的組成與崛起。根據1992年簽署的《歐洲聯盟條約》（也稱《馬斯特里赫特條約》）所建立的歐盟國際組織，現擁有27個會員國。歐盟的正式官方語言有23種，在貿易、農業、金融等方面趨近於一個統一的聯邦國家，而在內政、國防、外交等其他方面則類似一些獨立國家所組成的同盟。歐盟在2004年和2007年擴張的國家主要是東歐。

　　歐盟在成立的整個過程中，主要的任務是為了防止俄羅斯的擴張，歐洲的一體化過程中，存在一個重要的問題在於歐盟的兩個主要國家德國和法國整體水準過高，使得歐盟在其他二十五個國家在整體平衡發展中遇到問題。

　　這個問題其實在東西的統一過程中德國就出現了，東德和西德在統一過程中，西德為了拉抬東德已經接近崩潰的經濟，使得西德在整體十年的發展中處於停頓狀態，但由於西德國民和政府整體都希望一體化的德國擺脫自二次世界大戰的德國給世界帶來的陰霾。

　　1949年3月18日美國和西歐國家公開組建北大西洋公約組織，於同年4月4日在美國華盛頓簽署《北大西洋公約》後正式成立。北約屬於地區性防衛協作組織。北約的最高決策機構是北約理事會。理事會由成員國國家元首及政府高層、外長、國防部長組成。北約現有成員國30個、和平夥伴關係國家21個、地中海對話國家7個。

　　北約基本涵蓋歐盟所具有的安全防衛的本性，這樣歐盟所共同擁有的歐元就成為美國在全球金融穩定的主要挑戰，當全球遇到金融危機時，很多國家選擇大量購買歐元躲避風險，但世界範圍內俄羅斯與中國作為新興的經濟體，需要大量的高科技來重新整頓內部經濟的結構，這樣西方國家所具有的大量金錢並不能夠滿足世界範圍內經濟的提升。

　　美國將經濟發展中的大部分金錢應用於金融槓桿，在金融槓桿的操作之下，美國將世界各地的熱錢都集中到美國，但美國本身並沒有相關產業支持金融槓桿主導下的增長。北約保護了歐洲的安全，但歐元在美國金融危機中確實挖了美元的牆角。

G2思維需完善不需否定

　　這樣美國勢必需要尋找除歐盟和東盟之外新的夥伴。當美國部分智庫提出中美兩國共同成為G2的概念時，中國選擇了拒絕的態度，其實中國的做法是有問題的。最主要的原因在於美國的戰略專家在為美國金融擴張後的不良後果尋找新的方向，中國應該按照自己思路完善G2思維最好。比如中國能夠可以將俄羅斯也納入新的世界格局裡面，這樣中國與俄羅斯的關係就會提升到新的階段。

　　俄羅斯與中國最大的問題在於，當俄羅斯出現困難時，中國一般採用袖手旁觀的態度，這樣使得中國大量的俄羅斯專家完全沒有表現的舞台；而當中國出現問題時，俄羅斯一般也是無動於衷，對於中國的需求完全不進入狀況，其中最重要的原因在於俄羅斯的中國問題專家基本上不在普京和梅德韋傑夫的決策層，中國也錯誤採取金錢收買的方式對待俄羅斯的中國問題專家，基本上中國收買一個，俄羅斯就疏遠一個。

　　自2000年後俄羅斯對於歐洲的威脅整體降低，因為俄羅斯在顏色革命時對格魯吉亞、烏克蘭、吉爾吉斯政權的變化採取了默認的態度，這樣俄羅斯的戰略重新擴張到東歐的可能性已經大大降低，俄羅斯和歐洲國家的默契就是戰略擴張大約僅僅是在獨聯體國家內。這樣俄羅斯與美國的聯手將會成為必然，屆時中國的角色將會非常尷尬。

　　20世紀50至60年代，中國大陸外交上的「一邊倒」政策、《中蘇友好同盟互助條約》的簽訂、經濟上蘇聯對中國的大力援助以及中蘇文化在意識形態方面的趨同等多重因素的綜合作用使中蘇文化關係進入「蜜月」階段。（來源：鳳凰網）

俄美中三國戰略大博弈[2]

　　2010年俄美中戰略大博弈基本已經展開。美俄基本處於衝突、分工階段，中國是否能夠成為東半球的主導力量仍然需要觀察。在這場博弈當中，一個非常明顯的事實是，美國還在控制全球事務的發展，美國正在確認和俄羅斯、中國的新型關係。

　　據英國《星期日泰晤士報》4月25日報導，美國軍方已經獲得總統歐巴馬對研發新一代超快速武器的支持，以便在一小時之內打擊地

2　本文發表於香港《大公報》，2010年5月2日。

球的任何角落。美國前總統小布希就曾經鼓吹這種技術，準備用這種武器取代潛艇上的核彈頭，但俄羅斯領導人認為這將增加核戰爭的危險，結果這種新武器研發在布希政府任內未取得進展。現在，美國與俄羅斯在此問題上取得共識，並且美俄已經聯手在核裁軍上簽署重要協議。這樣2010年俄美中戰略大博弈基本已經展開。美俄基本處於衝突、分工階段，中國是否能夠成為東半球的主導力量仍然需要觀察。

美國戰略開始重新定位

最近美國助理國務卿坎貝爾在香港訪問時就承認，美國現在正處於尋找新朋友、確認老朋友的階段。在這個階段儘管G8的關係並不能夠涵蓋全球，但G20是否能夠解決現在世界的糾紛和經濟危機，則處於觀察階段。自2010年後，美國的外交重點將會完全轉向亞洲，這樣美國在亞洲的防務安全將會全面展開，美國在亞洲要和平解決問題，同時還要運武器到亞洲周邊。在亞洲美國政府需要展開的主要議題還是人權、新聞自由等，這裡新聞自由將會是重點中的重點。香港媒體多元化的維護，也是其中的重要指標。香港建制派與民主派都是多元化的一部分。

坎貝爾認為：在冷戰時代，蘇聯和美國的關係非常容易判斷，美國對於現階段的中美關係和俄美關係很難判斷，這些國家提出的要求在某種程度上來講並不過分，但這些要求正在逐步侵蝕美國的利益。美國如果處理好中美的問題，將會穩定整個亞洲區域，在某種程度上講，美國並不希望中國來主宰整個東半球，甚至美國並不希望中國來分享其在亞洲的利益。

俄羅斯在地緣政治中的穩健表現是這次俄美中戰略博弈的核心問題。儘管很多媒體都在關注中國崛起後的人民幣匯率問題、印度

對於高科技的貢獻和大量武器的進口，但俄羅斯在獨聯體國家的穩健推進，使得除了阿拉伯國家外，俄羅斯已經成為世界能源穩定的提供者。在天然氣方面，俄羅斯是世界最大的供貨商。在地緣政治的推進上，美國的經驗並不如俄羅斯，美國一般只注重經濟利益獲取而不是領土的擴張和盟友的增加。俄羅斯主要是在歐洲的鬥爭中取得經驗，美國則是在經濟和民主化上有相當的影響。

俄美中戰略大博弈是以美國的經濟危機、俄羅斯地緣政治在獨聯體國家的擴張和中國人民幣被質疑過度貶值而開始的。在這場博弈當中，歐盟、日本和東協都消失了。甚至在兩岸的一些議題當中，台灣也消失了。但其中一個非常明顯的事實是，美國還在控制全球事務的發展，美國正在確認和俄羅斯、中國的新型關係。

俄地緣政治擴張是核心

在俄美中戰略大博弈中，其中最有意思的是日本的角色。日本在六七十年代快速發展中，對於世界文明的貢獻並不多，並且當日本富裕後，也沒有承擔相關的國際責任。這其中當然有美國壓制的因素，但日本的政策常常是見樹而不見林，缺乏戰略，這包括日本早就應該就二戰問題向中國謝罪。日本泡沫化後，其國家的經濟實力並沒有減弱。兩年前當美國遇到經濟危機需要幫助時，日本基本沒有擔當角色，甚至現在的首相還希望美國從日本的軍事基地撤出，而中國在擴大內需中，對美國內部的經濟和外部政治環境還有幫助。這使得日本內部出現一股強烈的聲音，希望鳩山內閣辭職，甚至很多智庫和民間組織認為，鳩山內閣的政策水準比自民黨還差。

在意識形態領域，由於中國非常重視其經濟發展，提出發展是硬道理的理論，這樣中國避免在意識形態的戰場與美國直接交鋒。

在1996年前,俄羅斯過度親西方之後,採用西方學者的主張,開始休克療法,之後民間和政府基本反美。現在俄羅斯基本採用穩健推進經濟的政策,儘管俄羅斯依靠能源經濟,但如何壟斷能源價格是梅德韋傑夫和普京考慮的重點。

中國在對外宣傳中,希望國外能夠理解中國的困境和內部的問題,這樣的解釋一般來講都相當無力,沒有建設性。在美國沒有找到對付中國的良策前,也就姑且聽之,沒有任何的表示,而且還繼續用人民幣貶值這樣技術性的問題來圍困中國。中國智庫在對外宣傳中強調中國可能是西方國家的朋友,但在這一點上的理論創意不足。

中國仍在解決內部矛盾

那麼,美國是否承認中國的全面崛起呢?其實不然,中美必須在一些議題上進行合作,才能夠減少來自美國的敵意。其實人民幣需要升值的問題,是由日本的外長在G7會議上提出,美國才注意。在2004年前美國與其盟國認為對美元應該升值10%,現在則認為應該升值30%。美國的智庫私下認為,中國現在遇到的是麻煩,不是致命打擊,這與之前中國在1978年和1989年遇到的問題不同。

歐元教父蒙代爾就曾指出,自由市場經濟並不適合發展中國家,甚至自由民主體制在發展中國家也會變成民粹的表現。而美國所帶領的西方國家在金融危機中表現穩定,經濟在2012年後應該會全面恢復,2010年則是開始佈局的關鍵時刻。

美國的智庫認為,在美國遇到經濟危機之後,進入全新的階段,這個階段不是美國衰退,而是美國正在尋找新的戰略夥伴。中國未來十年還處於發展的黃金期,但問題在於中國在經濟發展中所

得的財富，如何在內部分配。解決內部矛盾加劇的問題，才是中國考慮的主要問題。美俄是否在某些議上題聯手則是觀察的重點。

俄羅斯將延續普京國安路線[3]

　　莫斯科發生的兩起爆炸案看來將會使俄羅斯政府主政的方向發生轉變，普京主導的以安全為前提的國家發展方向將會佔上風，梅德韋傑夫主導的緩和發展方式將會遇到挫折。爆炸案再次提醒俄羅斯民眾，在安全的基礎上發展經濟是俄羅斯必走的道路。

　　新華網3月29日報導，莫斯科當天清晨八點後發生兩起猛烈爆炸，目前已造成38人死亡，65人受傷。俄安全總局稱，初步調查顯

---

[3]　本文發表於香港《大公報》，2010年4月2日。

示,北高加索恐怖分子團夥參與了兩起爆炸事件。俄羅斯聯邦安全局稱,此次莫斯科地鐵連環爆炸案是由與北高加索地區伊斯蘭叛亂組織有關聯的兩名女性自殺式恐怖襲擊者實施的。

中國國家主席胡錦濤29日就莫斯科地鐵遭受恐怖襲擊,發生連環爆炸,造成重大人員傷亡,向俄羅斯總統梅德韋傑夫致電慰問,代表中國政府和人民,向受傷人員和遇難者親屬表示誠摯慰問,對遇難者表示深切哀悼。胡錦濤表示,中方強烈譴責這一恐怖暴力行徑,支援俄方為打擊恐怖主義、維護國家安全和社會穩定所做的努力。

爆炸案新聞報導不充分

發生恐怖爆炸的地方,一個是盧比揚卡,此地鐵站的上方就是原克格勃總部大樓,現在仍然是安全部門的辦公地點。沿著劇院大街走,距離克里姆林宮非常的近,大約有兩公里,該大街上有大劇院、國家杜馬等政府機關。另外一個是文化公園地鐵站,此地在莫斯科河的旁邊,距離高爾基文化公園非常近。在地鐵站的旁邊一公里左右就是俄羅斯的外交部,距離俄羅斯最大的通訊社俄新社也僅有八百米。在文化公園地鐵站附近也有大量的政府機關。盧比揚卡出現問題顯示,以總統梅德韋傑夫為首的安全會議出現情資掌握不足的嫌疑,文化公園地鐵站出事,則表示在莫斯科上班的公務人員連上班都會出現問題。

在這次爆炸中有兩個非常值得回味的現象。

一是爆炸發生後,首先到達現場的是俄羅斯安全人員,其次是俄羅斯媒體記者,國際媒體最後到達。就連在現場的CNN駐莫斯科記者在晚上七點鐘的連線中還自言自語,為何盧比揚卡在爆炸案兩個小時後,就恢復了平靜。很多國際媒體多是在文化公園站做現場

報導。而且在CNN的新聞現場，來自俄羅斯的專家都認為這次兩起的爆炸案是對國家安全的挑戰，但來自美國的專家則認為那只是提醒俄羅斯現在還存在安全危機和民族問題。

二是俄羅斯政府在俄語中首次沒有使用車臣匪徒或者叛軍這樣的詞彙。看來普京意識到如果這樣使用的話，對於俄羅斯本已經存在的民族隔閡會有非常大的傷害。比如，在爆炸案後，很多莫斯科市民在看到高加索人時，會感覺非常的害怕，如果媒體大肆宣揚這些人的車臣身份，這會為未來俄羅斯整體國家安全帶來不必要的麻煩。

事件減少梅普之間分歧

俄國家杜馬安全委員會負責人瓦西里耶夫對媒體說，這兩起爆炸案無疑是外高加索恐怖分子所為，他們是在對俄執法部門前不久在外高加索地區採取的一系列反恐行動進行報復。總檢察院偵查委員會發言人馬爾金29日說，恐怖分子當天在莫斯科地鐵站製造的兩起爆炸案中使用的是無外殼合成炸藥。初步調查顯示，在盧比揚卡和文化公園地鐵站發生的兩起爆炸案中，兩名女自殺式襲擊者均使用了威力約為3公斤TNT當量的無外殼合成炸藥。

當俄羅斯發生大的恐怖襲擊之後，莫斯科的主政者之間存在的分歧可能會減少。

對於梅德韋傑夫而言，發展俄羅斯經濟的方式是以改善企業內部的機制和引進外資進行管理方式的改善。俄羅斯在2000年後的經濟發展方式基本上都是以能源經濟為主。2006年之前，普京主政下的俄羅斯能源企業有兩個功能，一是擴大產能，生產更多的石油和天然氣；另外，就是引進外資，改善能源開採設備。但在2007年國際石油價格飛揚的年代，石油已變成絕對盈利的產

業，這樣俄羅斯能源企業對於西方的資金需求減弱。更多的是引
進西方的管理技術來擴大生產。另外，俄羅斯企業的國際化也是
很多寡頭希望發展的方向。

對於普京來講，在建立俄羅斯整體的安全系統之後，再利用俄
羅斯企業內部的創新，來改善俄羅斯企業內部的競爭機制。普京發
展國家經濟的思路主要是考慮俄羅斯企業都是能源型和加工型，這
樣如果過度引進西方國家的資本，對於俄羅斯的國家安全會造成不
利的影響。俄羅斯現在已經掌握了天然氣價格的定價權，只是還要
配合歐佩克制定石油的價格，那麼，如果俄羅斯國內能夠長期保持
穩定，以俄羅斯所佔有已經探明和還未開採的石油資源來看，早晚
歐佩克會向俄羅斯妥協的。就像中俄的領土問題，俄羅斯經常是靜
靜的鯨吞蠶食，只要吃進去，就別想吐出來。

重視安全基礎上的建設

普京的國家發展思維對於很多寡頭而言是致命的打擊，因為
這些寡頭在國家經濟發展過程中，斂財的方式基本都不合法，而
且在最近和未來的時間也很難合法化。另外，寡頭企業的創新程
度不足，主要還是依靠蘇聯原有的技術和俄羅斯本身的能源儲
備。如果2012年普京回鍋當總統的話，普京一定會拋棄一些寡
頭，然後轉向職業經理人和技術人員。很多寡頭被踢出企業大約
會在2014年後發生，現在很多的寡頭和親葉爾欽人士轉向支持梅
德韋傑夫是一個必然的現象。

當莫斯科發生爆炸之後，俄羅斯政府已經發出聲明，希望莫
斯科市民要盡量減少外出。爆炸對於莫斯科的經濟並沒有明顯的
影響。莫斯科發生的兩起爆炸案看來將會使俄羅斯政府主政的

方向發生轉變，普京主導的以安全為前提的國家發展方向將會佔上風，梅德韋傑夫主導的緩和發展方式將會遇到挫折。爆炸案再次提醒俄羅斯民眾，在安全的基礎上發展經濟是俄羅斯必走的道路。這一點值得中國借鑒。

谷歌為意識形態犧牲[4]

　　谷歌這類屬於技術類型和媒體形態不是非常明顯、處於模糊空間的公司，在西方國家希望把其拉入意識形態的陣營時，中國政府還需要保持相當的耐心，逐漸將其拉入技術公司的範疇。谷歌為西方意識形態犧牲，中國少刺激為妙。

　　3月23日美國谷歌公司發表《關於谷歌中國的最新聲明》，聲明指出，我們不能繼續在「Google.cn」搜索結果上進行自我審查。

---

[4] 本文發表於香港《大公報》，2010年3月30日。

香港地區的用戶還將繼續通過「Google.com.hk」獲得跟「Google.
cn」一樣的繁體中文搜索服務。至於谷歌的廣泛的業務運營，谷歌
計劃繼續在中國的研發工作，並將保留銷售團隊，然而銷售團隊
的規模顯然部分取決於中國用戶能否訪問「Google.com.hk」。24
日，網功能變數名稱稱註冊商「Go Daddy」宣佈停止中國業務。

谷歌聲明。

　　像谷歌這類屬於技術類型和媒體形態不是非常明顯、處於模糊
空間的公司，在西方國家希望把其拉入意識形態的陣營時，中國政
府還需要保持相當的耐心，逐漸將其拉入技術公司的範疇，這樣可
以在未來的時間內，盡量避免樹敵過多的問題。

避免意識形態對抗

　　意識形態對抗的特點是時間長、非常殘酷，甚至未來都有可能
進行一場戰爭。據百科全書介紹，人類是世界範圍內，唯一可能因
為意識形態而進行戰爭或者打架的動物。

　　比如，蘇聯前領導人史達林在國家現代化的過程中，採取了一些過激的手段，如何認識這些過激的手段，成為蘇聯領導人和公民的選擇。

　　中國政府需要注意的是，谷歌退出的問題不同於之前其他的屬於生產性的跨國公司的進退問題。比如生產牛仔褲的，或是銀行企業，最後在退出中國十幾年後都會重返中國市場。如在八十年代末和九十年代沒有進入中國的西方媒體公司，儘管現在還是沒有進來，但其公司的盈利完全沒有任何的減少。由於媒體公司對於中國的抵制，使得其自身的意識形態的價值得到保障。這樣使得西方國家的市場完全向這些媒體敞開，並且這些媒體公司還在中國媒體向外擴張的過程中，基本上採用完全詆毀的態度，不論中國做的是否有道理，對於中國基本都採用負面報導。現在看來西方媒體公司只有在西方國家遇到金融危機的半年間，沒有對中國採取詆毀式的報導，但現在則是變本加厲。

　　列名美國《財富》雜誌前500大企業中，有480家在中國進行投資；全球有66萬家公司在中國派駐代表；去年全球金融危機之後，每個月平均有70到80億美元的直接投資流入中國。中國歐洲商會過去幾年提出報告，指中國的企業環境「每下愈況」。其中一篇報告指出，中國正擁抱「經濟民族主義」；中國美國商會不久前則在報告中表示，美國企業對中國的信心已經降至有調查以來的四年新低。谷歌退出中國問題的核心在於谷歌是純技術公司還是西方意識形態的一部分。谷歌威脅要退出中國市場，一些西方媒體發出讚揚，並迅速把這一事件變成了批判中國的好機會。美國國務卿希拉蕊就站出來指責中國的干預。中國的一些技術型公司出於愛國，或者怕被連累，而採取抵制這些網絡公司的態

度。從歷史的經驗看，這也許是幫倒忙，畢竟這次中國是在意識形態的戰場上和西方國家進行較量。

賺錢與否不是關鍵

谷歌以搜索技術而全球聞名，但網絡媒體在世界範圍內的強勢發展，谷歌已經從純技術性的公司發展成為西方國家意識形態中重要的一部分。它的搜索技術成為新聞自由的標誌，這樣在西方媒體並沒有完全進入中國市場的前提下，谷歌在中國市場的存在基本上屬於純美國的資本。當然西方的媒體自然不希望以谷歌在中國的存在，證明西方意識形態在中國的失敗，谷歌賺錢與否並不是問題的關鍵。

中國媒體始終將谷歌退出中國歸咎為兩點：一點是谷歌本身在中國存在有水土不服的問題，簡單的講谷歌本身在中國並不賺錢。另外一點，就是谷歌本身存在書籍版權的侵權問題，谷歌可以搜索到很多的色情圖片、資訊、文章等。

對於第一點，中國在防堵西方的意識形態方面，很多在中國新聞報導中出現的亂象，以及資訊的不當傳播，基本上谷歌都不是始作俑者，反倒是中國自身的一些網站出現問題，甚至對於一些影響社會道德的醜陋行為推波助瀾。色情圖片和資訊本身就是西方新聞自由的一部分，中國只要防止住就好了，沒必要管他人。

在谷歌成為西方意識形態的一部分之後，西方國家和媒體自然不希望谷歌能夠在中國存在。中國方面如果把問題僅僅局限在技術層面，不過分貶低谷歌的基本價值，這樣可為一些相關的技術型公司不退出中國保留輿論空間。

應減少對谷歌刺激

如果西方國家的政府和媒體將很多的本屬於技術型的公司生硬地拉入意識形態的範圍，這將對於中國的崛起產生非常多不必要的麻煩。假設谷歌退出中國是西方政府和媒體所樂見的結局，那麼相關問題在未來的時間是否會擴大，則是觀察的重點。在意識形態的對抗中，中國本身的意識形態特點在於可以堅持自身的基本原則，但對於如何處理多元化問題，則沒有太多的經驗。西方國家在圍堵中國的過程中，如果建立意識形態的聯盟，並涵蓋網路技術公司，就更麻煩。中國在網路方面存在一定的優勢，但優勢並不明顯，那麼中國的網路和世界的溝通早晚會出現問題。

中國在建立內需市場的過程中，需要不斷引進西方的技術來改善自身的問題。比如清代，中國自身的經濟並沒有太大的問題，只是在國防技術方面嚴重落後，並且在吏制的改革基本處於停頓狀態。如何避免資訊的閉塞才是中國崛起的關鍵。谷歌已經成為西方意識形態的一部分，谷歌為西方意識形態犧牲，中國少刺激為妙。

空難衝擊俄波關係[5]

　　這次波蘭總統的飛機事故，對於俄羅斯和波蘭的關係必將產生相當程度的打擊。主要原因在於，最近俄羅斯在地緣政治的控制範圍上正處於恢復期。美國則希望在此時能夠讓波蘭在防止俄羅斯地緣政治擴張中起到表率作用，盡可能把俄羅斯的這次地緣政治擴張縮小在獨聯體國家範圍內。

---

[5] 本文發表於香港《大公報》，2010年4月14日。

　　4月10日，俄羅斯新聞社下屬的俄新網報導，俄羅斯人與波蘭人民共同悼念斯摩棱斯克空難中的罹難者。失事造成包括波蘭總統卡欽斯基在內的96人遇難。莫斯科人來到波蘭駐莫斯科大使館前，追念逝去的波蘭公民，並向波蘭人民表示哀悼。梅德韋傑夫在《告波蘭人民書》中說道，謹代表俄羅斯人民向波蘭人民致以最深切、最真誠的哀悼與同情，並表示對於死難者親屬的慰問。宣佈4月12日為全俄哀悼日。空難發生後，總理普京馬上接受總統的指派，成為調查小組的負責人，而且普京立刻到現場，其目的主要是保證調查出的結果未來要經得起歷史的檢驗，並保證現場不會有任何的破壞。

俄國飛機存在缺陷

　　俄羅斯報紙網提出災難本身是由於專機駕駛員不能夠聽從機場塔台的調遣，在三次著陸失敗後，第四次強行著陸，而在著陸過程中由於速度過快、高度過低而和樹相撞。一般媒體猜測可能是由於大霧天氣和專機駕駛員在駕駛中出現問題。筆者認為，可能是由於天氣原因使得專機在下降中出現問題，由於波蘭總統本身的個性非常率直，強行降落所致。因為波蘭總統參加的是「卡廷事件」紀念大會，在大會中普京將會與卡欽斯基會面。雙方的情緒可能存在一定的問題。

　　1940年，約2.2萬名波蘭軍人在蘇聯斯摩棱斯克州以西的卡廷森林被集體殺害。1943年4月13日，攻入蘇聯的納粹德國宣佈在卡廷森林發現大批波蘭軍人屍體並稱殺害事件為蘇聯方面所為。蘇聯隨即予以否認，並說納粹德國實施殺害後嫁罪於蘇聯。1990年4月13日，時任波蘭總統的雅魯澤爾斯基訪問蘇聯時，蘇方正式承認對

「卡廷事件」負全部責任。這些罪行的直接責任者是當時蘇聯內務人民委員部的領導人貝利亞、梅爾庫羅夫及其幫手。

波蘭《新聞報》的消息稱,專機失事前,俄羅斯空中交管員曾向飛行員建議掉頭飛往明斯克,因為飛機試圖著陸的斯摩棱斯克州軍用機場缺少必要的導航設備,無法在大霧天氣指揮飛機降落,但飛行員並沒有聽從空中交管員建議。

美國麥克亞瑟基金會在莫斯科分支機構的副執行長瓦斯科林辛斯基就指出,這次事件和2008年波蘭前總理米萊爾乘坐專機時發生意外受傷的情景非常類似,當時米萊爾飛往格魯吉亞,支持薩卡什維利的行動,結果由於大霧迫降阿塞拜疆而出問題。另外,如果波蘭政府沒有錢的話,可以買俄羅斯的伊爾系列的飛機,為何波蘭總統選擇一架已經停止生產的飛機也是匪夷所思,畢竟這架飛機在維修上和零件的供應上都會存在問題。當時俄羅斯機場塔台方面已經提出飛機要降在他處的要求,但專機執意要降在該機場而出現問題,可能是波蘭總統的個性所致。

總統個性導致悲劇

很多國際媒體認為圖波列夫系列飛機是非常有問題的,其實圖系列飛機本身性能不錯,但存在先天的缺陷,就是飛機本身的雷達系統不先進,而且這款飛機對於亂流的處理不很理想,遇到亂流後飛機的尾翼震動比較大。為何波蘭總統會選擇蘇式飛機圖波列夫154呢?

俄《共青團真理報》報導說,墜毀的圖波列夫154深受卡欽斯基的喜愛,由於辦公和休息條件都非常舒適,他一直不願意更換。失事的這架圖波列夫154型客機於1990年製造,已服役20年,先

前因技術故障數次停飛，去年接受大修。據截止到今年3月份的統計，這架飛機共完成了50次著陸，空中飛行總時長為124小時。

應該說該報的報導是準確的，因為該飛機的三個引擎都在機尾方向，使得如果乘客坐在飛機的前方會非常舒適，但後方的噪音非常大。筆者曾乘坐圖波列夫154的一個老機型，當時感覺駕駛員是空軍出身，飛機在升空中不是常規的盤旋上升，而是直接像戰鬥機式直升。這款飛機另一個特色就是座椅並不舒適，而且座位下時常沒有逃生裝置，該飛機的雷達裝置也比較老式。圖波列夫154客機自1968年面世以來，涉及最少30次空難，失事率高達3%。這款飛機已於7年前在中國全面停用。目前，全球大概還有250架圖波列夫154型客機仍在服役。

但此機型已經在2006年停止生產，這樣飛機公司是否能夠保持這類機型零件供應暢通則成為問題，而且由於俄羅斯企業一向的官僚作風，使得使用國獲得零件常常成為問題。2000年前，中國的某航空公司就在零件的購買上吃足了苦頭。

在這次空難中，俄羅斯方面可能出現的問題在於，對飛機的日常維修工作和零件的供應保障不足，而波蘭方面可能出現的問題在於，由於波蘭總統本身具有親民的特點，這樣使得飛機的起降非常頻繁，而且對於飛機的日常維修有所欠缺。

兩國關係將出問題

這次波蘭總統的飛機事故對於俄羅斯和波蘭的關係必將產生相當程度的打擊。其主要原因在於，最近俄羅斯在地緣政治的控制範圍上正在處於恢復期。首先在烏克蘭的選舉中，親俄羅斯的政黨獲得了選舉的勝利，這樣俄羅斯在2008年8月的經濟危機後找到了

新的政治平衡點。在這次吉爾吉斯斯坦的事件中，反對派領導人奧通巴耶娃成為臨時政府的總理。奧通巴耶娃10日向當地媒體稱，吉總統巴基耶夫有可能被剝奪豁免權。反對派在成立政府的當天，就派代表到莫斯科尋求支持，而且莫斯科也很快承認反對派政府。這些都顯示出吉爾吉斯現在執政的是親俄勢力。另外一個值得注意的是，上合組織的秘書長伊馬納利耶夫本人就是吉爾吉斯人，在這次反政府力量的鬥爭中，好像上合組織消失了。

波蘭作為一個親美的斯拉夫人的國家，美國自然希望在此時能夠讓波蘭在防止俄羅斯地緣政治擴張中起到表率作用，盡可能把俄羅斯的這次地緣政治擴張縮小在獨聯體國家範圍內，然後等美國經濟好轉之後，再次全面進入獨聯體國家。這次空難的發生使得全世界國家將會注意一些擦槍走火的事件所帶來的嚴重影響。

吉國政變將會常態化[6]

　　一般認為吉國是一個典型的農業國，生產效率低，主要依賴庫姆托爾金礦出口。其實這只是吉爾吉斯問題的表面。大國角力，使得吉爾吉斯弱勢經濟上存在大量不同意識形態的政治精英，而導致未來政變將會常態化，才是問題的關鍵。

　　據新華網4月17日報導，巴基耶夫15日乘飛機抵達哈薩克斯坦。登機前，他在一份正式辭職書上簽字，辭去吉爾吉斯斯坦總統

---

[6]　本文發表於香港《大公報》，2010年4月23日。

職務。在其辭職前的演講中,有群眾向空中鳴槍。臨時政府副總理奧穆爾別克?捷克巴耶夫17日說,臨時政府定於19日公佈新憲法草案並接受公眾諮詢。一般認為吉國是一個典型的農業國,生產效率低,主要依賴庫姆托爾金礦出口。其實這只是吉爾吉斯問題的表面。大國角力,使得吉爾吉斯弱勢經濟上存在大量不同意識形態的政治精英,而導致未來政變將會常態化,才是問題的關鍵。

存在動盪空間

吉國政變將會常態化有其非常特殊的條件。首先是國家資源不多,比較貧窮,但精英、人才較多或者是非常多,這樣使得國家發展總是達不到其精英的預期。這些精英的培養也是由俄羅斯、美國、歐盟、北約、土耳其、中國分別出資,因此意識形態完全是南轅北轍。其次,西方國家和國際組織插手較深,網絡發達,使得資訊流通非常快速,按照其網絡建設完全看不出這是個經濟落後的國家。美國傳統基金會發布的2010年全球經濟自由度指數報告中,吉國得分為61.3,較上一年度下降0.5分,在納入編制的179個國家中位居第80位,被列入「某種程度自由」的國家之列。這與另外的中亞國家土庫曼斯坦和烏茲別克斯坦不同,這兩個國家比較封閉,內部穩定性高。吉國的失業率比較高,在群眾運動中經常可以號召來大量的人群。如在政變過程中任何電視台的採訪中,都會有大量的群眾在受訪者的旁邊觀看,這非常像八十年代初的中國。

吉國經濟產業難以負荷這樣的集團來大展身手,比如作為國家最高學府吉爾吉斯大學和比什凱克人文大學畢業的學生,一般都是進入很多國際組織設在比什凱克的分支機構,很多國際組織在比什凱克吸收工作人員的考試,每次都是人滿為患,經常是一百、兩百

人中選一個，有時能夠達到五百選一。另外，比什凱克距離哈薩克斯坦原來的首都阿拉木圖僅僅四個小時的車程，很多理工類大學畢業的學生首選的工作單位是在莫斯科或者阿拉木圖。

吉國變天的主要特質是傷亡少、執政者和反對派存在一定的默契、頑疾不隨政權改變而消除，政變將會常態化存在空間。

沒有談判資源

其實早在阿卡耶夫執政時代，就有很多其親屬和部下在莫斯科活動，尋找吉爾吉斯私有化中企業的買主和商品的代理商。但在很大程度上由於吉國的企業和商品的競爭性不大，最後只能以低價銷售。這使得很多國內的民眾認為政府賤賣國有資產，最終阿卡耶夫政權被推翻。總檢察院人士16日表示，曾領導吉國中央投資發展與創新局的吉總統巴基耶夫的小兒子馬克西姆被懷疑濫用俄羅斯提供的貸款。吉臨時政府已經對他們進行刑事立案。巴基耶夫的兩個兒子和一個弟弟已經遭到刑事通緝。

現在的臨時政府按照前朝慣例，吉國一定在美軍駐吉爾吉斯的空軍基地上大作文章，讓俄羅斯出大錢驅逐美軍基地。俄羅斯也會按照慣例，靜觀其變，花最少的錢辦事。畢竟吉爾吉斯這三屆政府的精英都是俄羅斯和美國的學生，吉國能夠談判的本錢不多。

媒體報導，在吉國進行角逐的國家一般為俄美兩個國家，其實不然。在吉爾吉斯存在的主要勢力準確地講應該為俄羅斯、美國、歐盟、北約、土耳其和中國。大量的外國勢力在吉國存在的原因主要與前總統阿卡耶夫的政策有關。2000年前吉國主要為農業性質的國家，但由於吉國長期受到俄羅斯政治的影響，而且由於塔吉克斯坦長期陷入內戰當中，吉國時常受到來自塔吉克斯坦和阿富汗內部

一些恐怖組織的威脅，並且吉國也是阿富汗向外輸出毒品的主要通道之一。在吉國的機場海關，只要看到醫療器材或者針管就會非常緊張，會馬上派人跟蹤器材的走向。

自1991年後，吉爾吉斯國內的建設幾乎沒有，而且在2000年前的私有化過程中，吉爾吉斯幾乎將所有的國內資源和企業變賣一空。比如在首都比什凱克的建設中，幾乎沒有任何的新建築，但在主要幹道上的一些林蔭空地上確有非常多新建的三四層別墅式的建築。這些建築主要是美國、非政府組織、北約、歐盟的辦事處，這樣可以防止吉爾吉斯和俄羅斯的一些機構竊聽或者破壞其機構的正常運作。

外國勢力角逐

俄羅斯智庫認為，吉國政變對於普京未來在2012年返回總統選舉非常有利，吉國發生的政變基本上屬於普京作為總理的職權範圍。俄羅斯對於獨聯體國家的安全一般都集中在安全委員會上，但總理的職權卻在很多安全部門的具體執行中進行具體操作。比如緊急狀態部就可以在相鄰的獨聯體國家出現危難時，由於該國家的救難能力有限，有需要，緊急狀態部就可以救援。尤其在一些具體部門工作人員的培養上，俄羅斯政府有相當的空間可以發揮。這次發動政變的領導人奧通巴耶娃，在很多的政府合作項目中和俄羅斯保持密切的關係，並且在其成立Ata Dzhurt政黨後，俄羅斯在合作項目和金錢上和奧通巴耶娃保持密切的來往。

如果吉國反對派與俄羅斯最終達成默契，俄羅斯智庫透露，未來普京在會在吉國的國際角色和上合組織的作用做出新的調整。只是這種調整還在規劃中，一些經常到北京的親中的俄羅斯中國專家將會在討論圈之外。

西方國家在俄羅斯押寶[7]

　　看來西方國家認為這兩年是梅德韋傑夫能否真正掌握俄羅斯權力的關鍵，此時需要適當對梅德韋傑夫押寶，就像1992年西方國家對葉爾欽押寶一樣，一定會有回報的。但西方國家還處於觀察狀態中，從現在梅德韋傑夫的表現來看，梅普的分歧並不大。

　　3月13日，俄羅斯政府表示，俄羅斯與美國核裁軍談判取得「高度一致」，達成新裁軍協議指日可待。克里姆林宮聲明，俄總

---

[7] 本文發表於香港《大公報》，2010年4月23日。

統梅德韋傑夫與美國總統歐巴馬當天舉行電話交談，兩人對雙方就裁軍協議草案「達成高度一致」表示滿意。美國國家安全委員會發言人邁克哈默當天表示，兩國總統認為不久就能達成協議。4月1日，梅德韋傑夫和薩爾科齊會晤後證實，兩國正就俄羅斯購買「西北風」攻擊艦加緊談判。而在11日，俄羅斯350位著名知識分子和政客聯名寫了一封《致俄羅斯人民》的公開信，要求現任總理普京下台。公開信表示，只要普京還掌握大權，俄羅斯就不可能實行真正意義的改革，必須對現任政府做出大調整。

為何西方國家開始表現出前所未有對梅德韋傑夫的親近感呢？看來西方國家認為這兩年是梅德韋傑夫能否真正掌握俄羅斯權力的關鍵，此時需要適當對梅德韋傑夫押寶，就像1992年西方國家對葉爾欽押寶一樣，一定會有回報的。未來親西方的梅德韋傑夫掌政，一定會制衡中國，穩住歐洲。

對俄滲透非常深入

要求普京下台的公開信由俄羅斯網絡媒體《每日雜誌》刊出，該雜誌有兩個重要人物：一個是尼卡拉伊薩瓦尼金，曾任全俄羅斯廣播電視公司的副主席，並且在第一電視台擔任節目主持人，專門分析俄羅斯政治走向；另外一位是格里高利薩拉洛夫，現任俄民主資訊基金會主席，曾在葉爾欽時期在克里姆林宮任職，到了普京時代則沒有被委以重任。《每日雜誌》不是一些媒體所認為的反對派，而是比較親近葉爾欽或者梅德韋傑夫的民主派網絡雜誌。

在俄羅斯，向總統和總理發出公開信這樣的形式較為常見，這並不是一個特殊現象，與中國不同。俄羅斯甚至還有一個網站為「open-letter.ru」，只要作者寫得有道理，就可以在網站上發表給

總統和總理的公開信。15日，就有公民團體向統一黨主席普京發出如何建設俄羅斯公民社會的公開信。幾乎每一天都有重要的公開信指向梅德韋傑夫和普京。

這次公開信主要顯示出西方對於俄羅斯的滲透非常深入。根據俄羅斯政治文化觀察網站2010年1月19日的數據，2009年全年，除了一月外，總統梅德韋傑夫面對電視媒體的時間要長於總理普京。電視轉播俄羅斯政黨活動的時間則比較少。

梅普沒有明顯矛盾

2010年2月10日莫斯科《報紙網》報導了總統梅德韋傑夫個人發表對於多次修改的《媒體法》的表態：俄羅斯媒體需要自律，不要把媒體未來的前景都使用光，需要確認內部資訊和正常新聞播出的區別，媒體法更需要制定一部《媒體喉舌自律法》作為補充。特別在2009年下半年至今，俄羅斯處於經濟恢復的時間，俄羅斯內部流動的金融市場的資訊需要特別規範，否則將會妨礙俄羅斯經濟的復蘇。《資訊管理法》應該在2010年完成。梅德韋傑夫的表態和普京的看法相當一致，這表示梅德韋傑夫與普京暫時還沒有明顯的矛盾。

如果美國和俄羅斯限制核武談判取得成果，另外法國可以出口武器給梅德韋傑夫，這代表未來梅德韋傑夫在俄安全會議上會握議題的主控權。這兩項議題可以在安全會議常委五人組中發酵並產生影響，包括安全會議秘書長、國防部長、外交部長、安全局局長等。因為這兩項議題都是西方國家和梅德韋傑夫直接談判，普京幾乎不能參與。如果梅德韋傑夫能夠落實這兩項協議，未來普京回到總統寶座上的可能性至少減一半。

俄羅斯進口法國武器被中國媒體解讀為政治意義大於其實質的
意義，這種觀點存在偏差。問題在於西方希望透過滲透給梅德韋傑
夫議題，試探看看普京的權力是否穩靠。

1991年7月29日，戈爾巴喬夫、葉爾欽和哈薩克總統納扎爾巴
耶夫聚會商量開除強硬派並用更自由派的人物取而代之的可能，此
次談話被KGB暗中竊聽。1991年8月19日，亞納耶夫在蘇共黨內強
硬派的支持下發動政變，宣佈蘇聯總統戈爾巴喬夫因病停職，自己
出任蘇聯代總統。政變失敗後，亞納耶夫被逮捕，1994年受益於俄
羅斯國家杜馬的大赦而出獄。「八一九」政變主要的問題在於當時
蘇聯總統戈爾巴喬夫將蘇聯的改革與民主化畫上等號。準確地講，
如果戈爾巴喬夫能正確理解KGB的功能，就可以避免政變的發生。

西方正在故技重施

KGB主要是對外維護蘇聯的安全，對內主要是為了防止各加
盟共和國出現叛亂。這樣，作為地方領導人的葉爾欽和納紮爾巴耶
夫就會感到非常的不舒服。如果戈爾巴喬夫可以和KGB妥協的話，
讓地方和KGB進行交鋒，那麼政變發生的可能性就非常小了。最
妙的是，西方國家最終支持了葉爾欽和納紮爾巴耶夫，西方國家巧
妙利用了蘇聯在民主化、改革、地方主義和職權分工不明確的弊病
後，在最後時刻幫助地方領導人代表葉爾欽成功分解蘇聯。

現在西方國家又故技重演，發現媒體已經開始注意上梅德韋傑
夫，並且在很多葉爾欽的舊部屬開始轉向支持梅德韋傑夫的關鍵時
刻，西方國家開始送大禮給梅德韋傑夫。但西方國家還處於觀察狀
態中，從現在梅德韋傑夫的表現來看，梅普的分歧並不大。

梅普在安全問題上有嫌隙[8]

　　據俄新網4月2日報導，俄總統梅德韋傑夫希望那些高加索出身的企業家向家鄉投資。俄《新聞報》則轉達相關專家的觀點，認為目前北高加索聯邦區的投資環境無法令人滿意。同日，《生意人報》報導，俄羅斯石油公司開始同委內瑞拉國家石油公司談判一項金額為20至25億美元的交易。當天普京和委內瑞拉總統查韋斯可能在加拉加斯商討這一問題。

---

[8]　本文發表於香港《大公報》，2010年5月8日。

另外，4月5日新華網報導，北高加索地區印古什共和國卡拉布拉克市內務局大樓附近發生自殺式爆炸襲擊，造成至少一名員警死亡、三名員警受傷。梅德韋傑夫曾在3月30日表示，需要改進和完善俄羅斯的反恐法律；總理普京則誓言揪出爆炸案的組織策劃者；而俄羅斯上議院立法者也正在考慮是否應該針對這種案件重開死刑。

這一系列的新聞顯示，梅德韋傑夫對於高加索地區的緩和政策並沒有實質的效果，投資沒有顯現，爆炸仍然持續，而普京在穩定石油價格和石油多元化來源後，四月中或四月底出手，在安全問題上執行普京政策。隨後俄相關部門有一系列的表態，這種表態已經開始在媒體顯現，特別是一些民主派已經站到普京這一邊。

梅德韋傑夫權力或弱化

這次莫斯科地鐵爆炸案再度引起俄羅斯媒體的普遍討論。討論的焦點在於，像以色列這樣的國家長期受到來自伊斯蘭勢力和巴勒斯坦解放組織的干擾，但以色列是否採用全面和解的政策，而且全面和解的政策是否可以得到來自伊斯蘭勢力和巴勒斯坦解放組織的諒解呢？顯然以色列採取了部分和解的政策，但在一些基本政策上，比如向一些爭議地區移民或者建立定居點，並沒有妥協。以色列採取了讓大棒更狠和紅蘿蔔更誘人的兩面加強的手段。

這樣梅德韋傑夫採取的撤銷車臣地區的戒嚴措施顯然存在問題。在車臣問題沒有解決前，片面採取對於車臣的和解政策應該存在問題。

在媒體正在全面檢討梅德韋傑夫政策是否妥當時，兩名當事人，梅德韋傑夫在會見俄羅斯的運動健將，普京則在與委內瑞拉總統查韋斯會面，兩人盡量使存在的分歧不在媒體上表現出來。

　　但這個議題在四月份徹底發酵，現在俄羅斯國家電台和第一電視台已經有部分節目開始不點名批評梅德韋傑夫的政策，最後梅德韋傑夫的權力可能會面臨縮小，甚至2012年總統選舉的候選人中，梅德韋傑夫已經出局。

普京強硬管治手段回歸

　　自2009年開始，俄羅斯的政治空氣普遍瀰漫著一種討厭普京政策過度強硬的氛圍，而且普京可能也屈服於這種氛圍，懶得管一些非常瑣碎的事情。普京雖然出身情治單位，但在2000年就任總統時，普京的情資系統的身份還不很明顯，但其在處理別斯蘭人質事件和文化宮人質事件後，情資系統的人開始大量進入俄羅斯政府中。這樣普京就成為整個情資系統的代言人。這在2008年攻打格魯吉亞的戰爭中表現得非常明顯。在那次戰爭中，格魯吉亞總統薩卡什維利在視察北部城市時，俄羅斯空軍的飛機就在薩卡什維利的頭頂盤旋，但是薩卡什維利的隨扈還拿防彈背心遮擋，其實這應該是俄羅斯在警告薩卡什維利，就是說，如果俄羅斯需要，可以隨時取其性命。之後幾個月，薩卡什維利在公開演講中聲稱自己隨時處於被暗殺的恐懼當中，這應該是其陷入高度恐懼中的真心話。

　　如果按照俄安全單位所宣稱的，黑寡婦使用的是無殼合成炸藥，那麼，就有可能是俄安全單位在幾個環節上出現問題。一個是如何讓這幾個黑寡婦進入莫斯科市，莫斯科市和北京的結構很像，就是北京有五個環形公路將城市圍繞，莫斯科市有兩個，一個是內環，俄羅斯和莫斯科市主要的機關全部都在內環，而外環則經常由員警和安全單位人員駐守，一般人很難開車進入莫斯科市。

　　梅德韋傑夫的問題在於過度用開明和民主化的思維來思考俄羅斯的民族問題。俄首先是一個多民族、多元化的社會。蘇聯時期克格勃權力擴大化其來有自，最主要的原因在於俄羅斯本身的斯拉夫族並不是一個能力非常全面的民族。

　　2010年初，普京在不同的地方說了很多中國的好話，這包括中俄兩國在貿易上應該以盧布和人民幣結算，不再透過美元。中國需要注意的是，當普京的權力再次強化後，其之前所說的好話和簽署的協議到底能夠落實多少。

伊朗深藏顏色革命可能[9]

　　網絡技術的普及，使得伊朗對內的任何措施都被攤在陽光下。對外，伊朗的保守性被放大。如果伊朗不能妥善協調國內各種勢力，未來伊朗發生真正的顏色革命的可能性將會提高。

　　美國國防部長蓋茨，23日正式下令成立一個全新的軍方電子及電腦網絡指揮部，負責電子及電腦網絡相關的統籌及協調工作，協助國防部保衛其電腦網絡及制定電子及網絡戰術。美軍目前總共有

1萬5千個電腦網絡、700萬台電腦。這次在伊朗的街頭運動中，伊朗當選總統艾哈邁迪・內賈德，總體表現平穩。但未來伊朗的經濟和政治發展必須要重視來自改革派的聲音，應該是一個趨勢。網絡技術的普及，使得伊朗對內的任何措施都被攤在陽光下。對外，伊朗的保守性被放大。如果伊朗不能妥善協調國內各種勢力，未來伊朗發生真正的顏色革命的可能性將會提高。

改革派要發揮更多作用

在全球化發展的今天，以美國為主的民主政治基本上已經突破政黨希望長期執政的痼疾。台灣政治大學俄羅斯研究所所長王定士教授就認為，美國的政黨、財團、議會和媒體為四角互動關係，美國民主黨和共和黨政治野心家主要集中在議會當中。一般來講，美國野心家們的主戰場是在國外，現在北朝鮮、伊朗、索馬里和委內瑞拉則是最重要的靶場。中國媒體喜歡經常將美國的中央情報局拉入發展中國家的內亂和革命當中，其實美國的議員在其中的重要作用是很多媒體都沒有涉及的。這也包括美國的媒體。

美國政黨所主導的政府較為平和，並且在財團利益趨同化的影響下，政黨對於長期執政的願望就變得不會非常強烈。而美國財團的利益主要分佈在東部和西部，所以很多的美國菁英認為，美國執政黨只有一個，就是財團黨。

美國在政黨、財團、議會和媒體超過兩百年的良性和惡性互動，其中的細節是國外任何政府都無法理解的。對於伊朗最近的局勢，網絡科技成為伊朗政局動盪的源頭，伊朗的經濟發展必須將改良主義融入到保守政策當中，這是一種趨勢。這次之所以伊朗沒有釀成大規模的顏色革命，主要在於伊朗現在仍然是神權統治下的世

俗社會，伊朗當選總統內賈德只是政治方面的代表，改革派希望未來在政府中發揮更多的作用而已。

伊朗在選舉開票中是否出現舞弊的現象呢？這基本上不是選舉舞弊的問題，問題為政黨的某些基本屬性使然。就是說，任何國家的政黨基本都存在改革派、保守派和中間分子，如果執政黨不能夠採納和包容來自另一方面的聲音和建議時，任何選舉都會被稱為「舞弊」。執政黨不能夠因為對方有執政的願望，而斷定對方是叛亂的一方。

現在看來，伊朗在這次選舉中發生衝突的雙方基本上都比較克制，其目的主要是為了在未來的時間，可以為改革派爭取更多的發言權。如果這次改革派的代表穆薩維沒有任何表示的話，那麼在接下來的時間裡，伊朗與美國等西方國家的國家對抗關係不會減弱，那麼伊朗將會一直堅持執行現在的保守政策。

與美對抗關係不會減弱

今年3月份世界銀行公佈的報告顯示，伊朗外債有所減少，預計2009年經濟增長率約為3%，將比2008年的5.2%減少2.2個百分點。伊朗將國家年收入的17%都投入到穩定社會物價和物資供應上。伊朗精神生活的人性化管理比較弱，原教旨主義的管理非常強。有媒體認為，2009年中情局依靠的是一種全新的武器：控制移動電話輿論權。首先，在選舉當晚通過簡訊散佈謠言，指出憲法監護委員會已經通知穆薩維，他獲勝了。於是幾個小時以後，當內賈德獲勝的官方消息公佈後，看上去就像政府編織了一個大騙局。但是直到三天前穆薩維及其朋友們都認為，內賈德會大獲全勝。美國民調部門也預計，內賈德的得票率會高出穆薩維20個百分點。隨

後，一些社交網站和衛星博客用戶也開始通過手機短信接受到一些關於政治危機和街頭抗議行動的似真似假的消息。

哈佛大學伯克曼互聯網與社會研究中心教授羅伯·費里斯認為，網絡社交工具在歐巴馬競選美國總統期間就展現了強大的力量，但在伊朗大選後引發的騷亂中發揮了更加巨大的作用。網絡工具聚合起來成為反對者彼此協調、舉行抗議活動的載體。

伊朗保守派在處理網絡問題中主要採用攔截和封鎖的手段，這對於規模較大的抗議活動來講，在某種程度上還比較欠缺多元化管理。因為在抗議中的任何照片只要被傳播出來，就會馬上變為國際事件，其中錄影和照片的影響力更大，因為那是唯一的證據。比如在這次抗議中被擊斃的女抗議者的照片和錄影當天被傳播到國際媒體上，這使得關於伊朗的新聞傳播沒有任何的對比性，這樣西方媒體在傳播中的新聞震撼性更加強烈。同時，中國的中央媒體直接來自伊朗的新聞也並不多。全面反應當事國的狀態，是北京中央媒體的責任，不能把注意力都放在給中央寫報告上，資訊的普及同樣非常重要。在此情況下，伊朗更加需要加強自身的新聞傳播，來解釋伊朗境內的改革派示威的情況，不能夠讓自己的公民在電視台上承認行動是西方的教唆就完了，那是愚蠢的表現。

西方利用網絡影響局勢

西方國家在使用Twitter、Youtube和Flickr這樣的社交網站的效果有兩個方面：首先，可以直接影響改革派的行動；其次，就是永久記錄伊朗的抗爭活動，並加深改革派和保守派的隔閡，這將是伊朗人民內心中永遠的傷。

　　伊朗的保守派體制內的官員和學者，必須學習應用這些多媒體傳播手段。儘管如此，還是會出現騷亂。如果伊朗政府還在下次街頭運動中採用同樣手段，可能就不會像這次這樣和平落幕了。

運用中華經典抗衡美國[10]

　　中國需要重建自己的國際關係理論和體系，這樣就不會陷入美國二元對立的陽謀中。要透過中華經典來解釋國際關係，並提出中國的見解。

　　美國對台軍售僅三天後，白宮副發言人伯頓（Bill Burton）2月2日公開稱，歐巴馬在訪華期間告知中國領導人，他將與達賴會晤。中國外交部隨即連續兩日闡明中方堅決反對任何國家領導人和

---

[10] 本文發表於香港《大公報》，2010年2月10日。

政府官員會見達賴的嚴正立場。中國對此可能有三個方面的反擊：首先，對美國進行國事訪問的行程恐怕發生變化，甚至取消；其次，高調拒絕對伊朗的核制裁，甚至為其提供軍事裝備；最後，拋售美國國債。這三項措施分別針對美國行政部門、強力部門、軍隊和美國民眾。可以說，中國在沒有最好的對策前，這些措施有實施的道理，但副作用相當大，且對美國無傷大雅，不能擊中要害。

重建國際關係理論體系

此時，中國需要重建自己的國際關係理論和體系，這樣就不會陷入美國二元對立的陽謀中。美國整體的哲學就是民主與專制、善良與邪惡、耶穌和猶大，現在美國將對付蘇聯的招數故伎重演，將中國逼到美國的對立面。中國需要利用中華經典重新定義美國的行為，並利用已經快淪為語言培訓班的孔子學院，長期培養人才，向國際發聲。畢竟中國媒體在世界新聞界的份量有限，中國媒體的國際份量不是靠錢堆出來的。

在中國經典中，《易經》被視為群經之首。中國的《易經》也是中華文明的開始，當年文王在獄中推演《易經》時，世界文明還沒有意識形態的差別。中國需要利用自身的文明和馬克思主義相結合。否則以現在官員的水平，很難理解當時馬克思的思維模式，比如當年馬克思就是使用近十幾種語言來瞭解整體歐洲的工人、資本家和政府問題。自蘇聯解體之後，國立莫斯科大學所設立的馬克思主義課程，成為哲學課程的一部分，並且馬克思主義成為黑格爾哲學的一個分支。因此，在意識形態上面希臘哲學中的亞里斯多德、蘇格拉底還是西方民主思想的根源。

現在的官員能使用好英語就已經是鳳毛麟角了，對於語言的陌生，使得官員對於國際和美國的瞭解始終存在距離感。這樣，透過中華經典來解釋國際關係就會讓官員用比較柔和的方式來理解國際的二元對立，並且提出中國的見解。簡而言之，中國既然不能夠使用西方的語言，那麼也不要站到西方的對立面，而是使用易經中陰陽融合的道理，站到一個灰色空間，使美國認識到世界和諧的重要性。這需要中國政府的官員有很深的中華經典底蘊和城府，這是對中國官員IQ、EQ和WQ（聰明度、情緒度、智慧度）的考驗。

元智大學通識教學部部長王立文教授，長期推廣中華經典給企業和台灣行政部門。他認為易經有三項意涵，簡易（規則簡易）、不易（本性、德行不易）、變易（改變）。易經可從八卦談起，兩儀生四象、四象生八卦、八卦定吉凶。八卦可代表一家的父母及兒女，而政黨、宇宙八要素亦猶如一家庭。

避免進入亢龍有悔階段

比如按照《周易上經》的《乾卦第一》中所描述六爻，潛龍勿用、見龍在田、或躍在淵、飛龍在天、群龍無首、亢龍有悔，中國在經過潛龍勿用即處於初始的養精蓄銳階段之後，基本上同時進入其他五個階段。中國經濟在發展之後開始見龍在田的漸次增進階段，在國際關係中，中國在達到一定階段之後，開始再度的接續待發的或躍在淵階段。在哥本哈根的氣候會議中，中國總理溫家寶和歐巴馬的互動猶如飛龍在天。當美國金融危機之後，儘管美國還是世界第一的強國，但世界各國體現出的格局則是群龍無首，此時如果中國過度亢奮的話，則會馬上進入亢龍有悔階段。

現在世界範圍內的主要問題是種族不和諧、環境破壞、無原因的戰爭、金融炒作等。媒體是否有責任來解決這些問題呢？媒體是需要無責任的新聞自由，還是加入世界文明的建設中呢？在網路面前的媒體已經在世界文明中快沒有角色了，這是中國媒體未來可能的切入點。

美國和部分歐洲國家在堅持其所主張的新聞自由時，主要是迷思在十八世紀歐洲的勝利中，再加上媒體本身就具有低投文化、責任使得鳳凰衛視最終成為具有國際性的電視台。

和諧是國家崛起大前提

中國媒體的特色如果是黨媒下的為和諧社會服務的新聞，那麼，中國的媒體運行模式應當更加注重細節。如果有人違反和諧社會的準則，堅持一些不切實際的新聞自由的話，那麼政府在這些問題的處理過程中需要基層官員有理性，保持EQ的穩定，不要隨便打人。

中華經典文化中的陰陽易經文化認為，和諧是國家崛起的前提。中國在崛起中的外交作風也應該保持和諧的氣氛，而且需要當美國低姿態時，中國也要聞雞起舞，表示理解，但可以為維護中國的利益不輕易簽署任何協議。在美國強硬時，顧左右而言中華經典，這樣必得老祖宗護佑。

拋售美債只是金融手段[11]

中國在減持美國國債時，需要跨部門的細膩合作，並且需要以外交部門的專業意見為主要參考對象。中國現在基本存在兩種意見，中國還需要找出第三條路，就是運用市場準則來降低拋售美國國債的政治意義。

美國財政部2月16日公佈的資料顯示，中國2009年經過第五次減持後，持有的美國國債金額，從7,896億美元變為7,554億美元。

---

[11] 本文發表於香港《大公報》，2010年2月28日。

這樣日本成為美國國債的最大持有者，並且最近一年，日本、英國、巴西等國家開始增加持有美國的國債。在今年美國經濟將會好轉的前提下，中國減持美國國債的數目是否多了呢？其實，問題的關鍵在於中國對此問題的操作是否細膩。中國軍方等相關部門在規劃中國的戰略時，大方向基本都能夠維持中國自身的國家利益，但問題在於手法非常不細膩。中國也需要不斷測試美國民眾和媒體的心理底限在哪裡。

金融操作要細膩

中國方面是否可以透過頻繁拋售和購買美國國債的方式來達到自己的目標呢？如在經過多次拋售之後，中國可以僅以多一百億美元領先日本而仍居美國國債最大持有人的寶座。這一作為的目的在於測試美國民眾和媒體的反應。

中國在減持美國國債時，需要的是跨部門的細膩合作，並且需要以外交部門的專業意見為主要參考對象。中國軍方在參與決策時，經常是採用西醫式下猛藥的方式，但相關的金融部門和智庫由於其經常使用的理論皆來自美國，自然其說法難以達到政府領導人需要馬上見到的成效。如果減持美國國債成為中國對外政策的重要戰略武器的話，那麼中國需要檢討的，是在政策執行面上是否細緻。

當中國在2010年全面崛起後，中國政府現在需要注意的是國際輿論和民意的走向，中國不但需要保護自身的國家戰略安全，同樣需要注意自身形象與國際觀瞻。近期，美國的輿論在處理中國問題時的態度發生了一些有趣改變。2008年奧運會之前，美國媒體非常習慣於高姿態指責中國的問題；奧運會之後，中國崛起已經成為事

實，美國媒體開始變得友好，並且開始瞭解中國崛起的意義所在。
2008－09年，可以說是中國與美國媒體的蜜月期。哥本哈根氣候會
議和歐巴馬訪問中國之後，美國媒體再次恢復本能，開始尋找中國
的問題。現在，在其政府外交細膩的操作之下，美國好像變的忍辱
負重，中國在一些問題上的立場和態度，在美國媒體裡顯得鴨霸。
中國政府對外政策要考慮美國民眾的情緒，作為三權分立的美國，
其媒體和公眾的力量同樣不可小覷。

防止被美貼標籤

　　如果美國媒體給中國冠上鴨霸的標籤，這樣就方便很多美國
智庫開啟冷戰或者軟圍堵的大門，畢竟美國國內擅長操作冷戰的人
非常多。如果中美發生冷戰，想必沒有人認為美國會輸，那麼無論
中國是大輸、小輸或者持平，對中國都沒有好處。當年蘇聯和美國
的冷戰發生，當然有英國前首相邱吉爾挑撥的成分，但蘇聯的史達
林對於東德、捷克、匈牙利的過分擴張，是美國決定開啟冷戰的主
因。因為捷克和蘇聯本身在歷史上沒有任何的淵源，匈牙利原屬於
奧匈帝國，這樣美國讓史達林做過分後，才在美國國務卿馬歇爾的
執行下，開啟冷戰。而蘇聯之後的領導人赫魯雪夫並沒有任何分量
改變史達林的決定，使得蘇聯的擴張沒有辦法收回，也造成後來的
布拉格之春和匈牙利的武力鎮壓事件。
　　在這一點上，現在俄羅斯的外交官和軍方的溝通在強力部門
的撮合下，經常非常及時和到位。這其中只有一次例外，就是當
1994年俄羅斯政府決定向車臣動武時，基本上是俄羅斯軍方的單
獨行為，按照俄羅斯軍方的判斷，車臣的軍隊不堪一擊，最後事
實相反。

當發生格魯吉亞進攻爭議地區南奧塞梯時，俄羅斯外交部的人首先讓南奧塞梯宣布獨立，然後俄羅斯應南奧塞梯共和國的要求，軍事支持。在與格魯吉亞的戰爭中，俄羅斯軍方特意全部使用傳統的武器，主要是坦克，用大火力快速擊退格魯吉亞的美式武裝。

當美國決定對台灣出售防衛性的武器時，並沒有把具有進攻性的F16CD型戰鬥機列入武器清單。據美國智庫人員反應，在2010年底並不排除再次宣佈F16CD型戰鬥機列入武器清單裡的可能性。在美國總統接見達賴喇嘛的問題處理上，美國總統歐巴馬也採用了在其辦公室以外的大廳內和達賴喇嘛見面的方式，並且不對外報導，事後發新聞稿和照片。美國在處理與中國的關係中採取的方法非常有意思，就是在大方向確認的前提下，其手法非常或者稱異常細膩，而且跨部門協調也不露痕跡，有步步為營的味道。

中國大約只有已經去世的周恩來總理能夠與之媲美，當然周總理當年的名言「外交無小事」，就可以一窺究竟。另外一點則是經常被人忽視的，就是周總理本身的軍隊背景也是無人能與之媲美，周總理也是早期中國紅軍的締造者之一，這樣為中國外交政策和軍隊間的協調埋下伏筆。

尋找出第三條路

當中國的外匯存底達到2萬億美元時，國際市場早就注意到中國巨額外匯存底的資金走向，這也造成出現中國買什麼都貴，賣什麼都便宜的局面。中國購買美國國債的占外匯存底大約為33%至40%左右，這樣能夠減持美國國債的額度應該為1,000億至15,000億美元，其他7,000億美元基本上還要吃美國國債的利息。

中國現在基本存在兩種意見，一是當美國侵犯中國的國家利益時，應該大量拋售美國的國債，並採取其他嚴厲的措施；另外一種就是尊重市場規律，因為美元資產市場仍屬於低風險性的投資。中國還需要找出第三條路，就是運用市場準則來降低拋售美國國債的政治意義。

俄美角力影響獨聯體[12]

　　俄羅斯對於獨聯體的政策基本上是儘量不使用軍隊，除非美國希望發動一場小規模戰爭，這樣俄羅斯和美國交互影響獨聯體國家將會成為常態。美國對於獨聯體國家具體政策的影響會加強，而俄羅斯會側重於加強對於政權領導人的影響。

　　2月10日，烏克蘭總統選舉中，親俄反對派領袖亞努科維奇以48.95%得票率，險勝得票率45.47%的現任女總理季莫申科。亞努

---

[12] 本文發表於香港《大公報》，2010年2月26日。

科維奇隨即發表勝利演說，呼籲季莫申科辭去總理職位，避免國家面臨另一場危機。季莫申科副手兼副總理圖爾奇諾夫隨後發表聲明，指選舉存在系統性舞弊，「嚴重影響結果」。應該講，如果亞努科維奇政治操作手法細膩的話，烏克蘭會平穩過度，民眾會拭目以待看新政府親俄羅斯政策的結果。在這個回合中，俄美兩個超級大國在烏克蘭的角力，以俄羅斯暫勝告一段落。

俄羅斯「等待政策」奏效

在烏克蘭、格魯吉亞和吉爾吉斯發生顏色革命之後，普京周邊的智囊在總結經驗時，最集中的意見就是，此時俄羅斯絕對不能夠出兵這些國家以改變選舉或者顏色革命後的結果，俄羅斯需要在一定程度上尊重西方國家滲透的結果。俄羅斯需要採取的措施，首先是防止西方國家在俄羅斯內部的滲透，如果俄羅斯一些知名記者掌握一些官員或者領導人的行為劣跡，俄羅斯需要掌握這些非政府組織和記者們的行動和擴張的細節。俄羅斯一位知名女記者之死據說可能與其本人掌握車臣戰爭細節有關係，這裡可能有一種不是你死就是我下台的關係。

普京周邊的智囊核心多數是在七十年代末八十年代初對抗西方的冷戰專家，這與總統梅德韋傑夫周邊的智囊有非常大的區別。梅德韋傑夫周邊歐洲派比較多，國際對抗的經驗較少。普京的一些智囊認為，在俄羅斯歷史上，彼得大帝是施行西方式的政治改革，葉卡捷琳娜則在沒有觸及西歐利益的前提下，將沙俄向東方、南方擴張，而真正向西歐擴張的沙皇是亞歷山大。當亞歷山大打敗拿破崙後，沙俄的軍隊進入巴黎。俄羅斯有一派的智庫就認為，把拿破崙的軍隊趕出沙俄或者只進入普魯士就好，進入巴黎使得西歐直到現

在為止，都對俄羅斯抱持敵意。另外，史達林在二次世界大戰取得勝利之後，在東歐的快速擴張，同樣引起西歐國家的不安，特別是蘇聯在匈牙利、捷克和東德的擴張，使得美國有長期存在於歐洲的理由。同樣，1917年十月革命和1945年後芬蘭脫離蘇聯也是當時政策的失誤。

蘇聯不應當在西歐國家的地緣政治地盤擴張，是俄羅斯智庫的一個共識，同樣俄羅斯需要盡全力阻止西方國家在獨聯體國家擴張。儘管有一些獨聯體國家的經濟實力並不強，如格魯吉亞和吉爾吉斯，但這些國家地理位置重要。這其中需要讓這些國家適當釋放當初對於蘇聯政策的不滿情緒，比如八十年代在烏克蘭發生切爾諾貝利核電站洩露事件，直到現在為止，住在周邊的居民仍然受到核輻射的危害。烏克蘭對於俄羅斯的怨氣是可想而之的。

現在非政府組織和美國的利益集團已經深化其在獨聯體國家的利益。2006年，索羅斯基金及開放社基金會需要哈薩克斯坦對石油、天然氣和礦業公司審查和銷售透明化，為此基金會建立名為「石油利潤──公眾監管」的機構，該機構是索羅斯基金會發起的非政府組織聯盟，旨在監督哈薩克斯坦執行開採工業透明倡議的情況。該聯盟的分析促進了政府頒佈關於透明性的政令。其中最重要的政令是規定所有的石油、天然氣和礦業開採公司，在哈薩克斯坦參與新項目投標之前，必須簽署採掘業透明度行動計畫（EITI）。

顏色革命是權力重整

獨聯體國家對於選舉中出現的問題慣常採取的態度就是讓軍警直接鎮壓，此時媒體則開始大量宣傳選舉中的弊端，在非政府組織和年輕學生的組織下，加上原來國民對於生活的不滿，街頭運動成

為顏色革命主要的表現形式。俄羅斯社會活動家伯里斯·卡加利茨基就認為，在獨聯體國家發生的顏色革命，是政府內部不同意見者在無法取得一致意見之後，藉助非政府組織、媒體發動街頭運動，將現政府推翻。最後這些國家實行的政策儘管親西方，但獨立傳媒則消失了。尤其在格魯吉亞對南奧塞梯動武之前，沒有任何的媒體發出不同的聲音來提醒薩卡什維利這一冒險行動。在格魯吉亞、烏克蘭、吉爾吉斯發生的變革，時間、地點和原因不同，但基本上這些所謂的革命並不是自下而上或者自上而下的革命，它應該是權力的重組。此時，非政府組織發揮了重要的作用，媒體的第四權和媒體監督政府的思想得到強化。

自蘇聯解體之後，獨聯體國家主要的媒體與政權是合作的關係，除了白俄羅斯基本上在與俄羅斯保持表面的交往外，其他都選擇與西方國家進行深層次的接觸。比如在格魯吉亞、烏克蘭和吉爾吉斯幾乎每個月都有政府官員與美國的參議員或者歐洲議會的成員進行視訊會議。在視訊會議上，美國的議員經常會對前獨聯體國家進行政策性的指導並祖護美國公民在獨聯體國家的行為。

交替影響將成常態化

美國政府本身並不希望在獨聯體國家的政治運作中扮演任何角色，這主要是因為按照俄羅斯人的地緣政治思維，獨聯體國家是俄羅斯的政治涵蓋範圍，但美國希望獨聯體國家轉變其根本制度，而獨聯體國家的領導人對此認識並不十分清楚。直到現今為止，格魯吉亞前總統謝瓦爾德納澤還對媒體表示，自己並不知道為何會得罪美國，而導致美國全力支持反對派薩卡什維利的政治力量。

　　格魯吉亞的問題在於1999年俄羅斯打擊車臣恐怖主義時，謝瓦爾德納澤沒有支持俄羅斯的行動，而且放任車臣恐怖分子在兩國邊境活動。同時謝瓦爾德納澤在國家沒有資源情況下，發展親西方模式，錯誤認為這樣就可以獲得好處。烏克蘭反對派的主要基地是該國西部和中部地區，而當時政府候選人支持者在烏克蘭東部和南部。在吉爾吉斯發生的鬱金香革命，首先是在南方發生，然後迅速向首都擴散。

　　俄羅斯對於獨聯體的政策基本上是盡量不使用軍隊，除非美國希望發動一場小規模戰爭，這樣俄羅斯和美國交互影響獨聯體國家將會成為常態。美國對於獨聯體國家具體政策的影響會加強，而俄羅斯會側重於加強對於政權領導人的影響。

新年中美關係微妙震盪[13]

【大公評論】對台軍售、歐巴馬會見達賴以及貿易爭端,這三大危機在今年第一季度同時爆發的可能性極大。這三項危機基本上是由眾多複雜因素組成,如果中國希望化解危機,那麼需要全方位出擊。如果不著手解決的話,中美之間最大的問題在於,小危機長期積累,最後形成火山爆發的態勢。

美國智庫歐亞集團(Eurasia Group)5日發布報告稱,由於貿易摩擦加劇,中美關係2010年有可能惡化,這是今年最大的地緣政

---

[13] 本文發表於香港《大公報》,2010年1月13日。

治風險。當天美國國務院政策規劃室主管大衛？戈登接受彭博電視台採訪時認為：儘管中美領導人都希望兩國保持良好關係，但潛在的風險仍可能導致雙邊關係進入更危險的「水域」。

今年中美關係將會出現大量摩擦的這種假設是否真正存在呢？中方學者認為，對台軍售、歐巴馬會見達賴以及貿易爭端，這三大危機在今年第一季度同時爆發的可能性極大。這三項危機基本上是由眾多複雜因素組成，不是單一由美國行政部門一家造成。對台軍售是政府、立法、軍方三方面利益的集合，會見達賴是立法、司法、非政府組織系統的需求，貿易爭端是美國實體經濟和行政系統希望中國配合解決問題未果的爭執。如果中國希望化解危機，那麼需要全方位出擊。如果不著手解決的話，中美之間最大的問題在於，小危機長期積累，最後形成火山爆發的態勢。

擴大中美接觸領域

美國智庫人員提出，中美摩擦基本上都不是美國行政部門主觀意願上希望如此，主要問題在於行政部門必需或多或少滿足來自立法、司法、非政府組織和媒體的要求。美國立國後不僅在立法、行政、司法三個方面各自獨立運作，而且現在軍事、媒體、非政府組織也是獨立於政府運作的龐大利益群體。美國立法系統主要是宣傳美國的民主精神，在美國對外關係中民主精神的拓展成為立法系統的主要責任，這裡主要是美國未來可能邀請達賴喇嘛到美國的問題。對台灣出售武器，也是美國立法、司法系統希望達至目標的手段。

當世界經濟進入低碳時代的時候，中美關係是否再緊張，成為中國媒體關注的焦點。中國需要穩定的環境進行經濟的轉型並逐漸

擴大內部消費需求。中國內部的消費需求增長在某種程度上講並不十分穩定，比如對於醫療、房屋和轎車的需求應該講是政府投入大量的金錢，刺激了國內消費熱情。當政府的資金逐漸撤出時，消費額是否保持穩定將會成為重要的觀察點。

中美關係中的重大隱患在於，中國方面始終重視和美國行政部門的接觸和遊說，對於美國的立法系統、司法系統、非政府組織和媒體的遊說則是嚴重不足。其中最主要的原因在於中國官員與智庫基本上都屬於行政人員的性質，與美國多元化、民主化社會裡的議員、大法官、媒體人和非政府工作人員的對話基礎基本不存在，這才是未來十年中美關係最大的危機。

外交範圍需要拓寬

目前擔任約翰霍普金斯大學高級國際研究員的蘭普頓認為，中美關係將會在強權、金錢和思想三個方面全面交鋒，但前提是美國和中國相互需要，互需的基礎大約只是行政部門和實體經濟。蘭普頓曾經向筆者表示，中國始終重視與行政部門的交往，但美國行政部門主要是各方面利益團體的最終協調者，這樣中美關係處於不穩定和令人擔憂中將會是常態。另外中國是否善於和美國其他利益團體打交道呢？答案是否定的。因為中國是依靠行政力量解決一切問題，中國基本上只善於向國人解釋自身發生的事件，這樣請外國人走進來，聽中國的解釋，成為2010年前的常態，而走出去解釋和調解成為難點。

美國副國家安全顧問本羅茲就表示，中美將有分歧，但雙方將共同努力，就重大全球和地區問題，如經濟復蘇、核擴散和氣候變化等進行協調，因為這樣做符合中美的共同利益。美國在三個緊迫國際問題上仍然需要中國的幫助：伊朗、朝鮮和調整美國經濟。中

國最近支持國際原子能機構對伊朗的措辭強硬的聲明，但仍然反對加強制裁，而歐巴馬政府則暗示，美國將繼續在2010年協助中國執行對朝鮮的制裁，並推動朝鮮重返朝核問題六方會談。美國官員預計，胡錦濤主席將不參加4月的核安全首腦會議。中國可能也停止與美國的軍事對話。

美國在出兵阿富汗和伊拉克中，基本完全沒有遵守孫子兵法開篇所講：兵者，國之大事，死生之地，存亡之道，不可不察也。這顯示出美國軍事力量的獨立性和破壞性。中國如果因為行政部門的作為而減少和美國軍事部門的交流，則會得不償失，因為中美兩國軍事部門的不信任狀態，使美國向台灣售武更加肆無忌憚，因為美國軍事部門常認為其造成的任何破壞，最後行政部門都會善了。

對外宣傳效果有限

中國在2009年開始加強媒體對外宣傳的強度，但問題在於西方媒體是否能夠接受來自中國媒體的新聞報導。如果在2010年，西方媒體開始接受來自中國的媒體報導，那麼西方國家的受眾是否會喜歡這樣的新聞報導模式呢？顯然中國方面加強對外宣傳的方式基本上具有針對性並希望快速解決問題，但以西方國家民眾長期接受新聞的方式，中國的對外報導還存在改進的空間。另外中國對外新聞報導中，中國對於世界性的焦點和衝突問題的解決態度將會成為焦點。問題在於中國的官員和智庫很少到衝突地區進行研究和考察，而美國的智庫、學者、媒體人則常常出現在衝突地區，其對於世界問題的解決的看法不斷受到挑戰。

在中國對於世界需求甚少的前提下，中國能夠建立全方位接觸的部門和機動人員，則會對中國和平崛起、負起大國責任有積極作

用。2010年後中國在全面崛起後的大國責任可能是無法逃避的，中國需要各種各樣人員對外解釋中國的對外政策，單一的外交官和智庫的職責完全無法擔負這樣的重大責任。那麼，如何將中國崛起的紅利公平的分配到每一個部門和角落，成為2010年最大的挑戰。

美軟圍堵中國漸成形[14]

【大公評論】軟圍堵的最大特性在於，中國周邊的國家充滿對於中國發展的不確定性，此時如果美國越是表示對於中國擴張的理解，其他國家則越是恐懼。G2格局對於中國是有害的，而且周邊國家朝秦暮楚，有掏空中國綜合實力的可能。

　　11月18日隸屬於《人民日報》的《環球時報》報導，中國國家主席胡錦濤與美國總統歐巴馬在北京小範圍會談80分鐘，比預期的40分鐘延長了一倍。會見後雙方發表聯合聲明，聲明特別強調要增

---

[14] 本文發表於香港《大公報》，2009年11月29日。

進中美的「戰略互信」，歐巴馬直接稱中美為「夥伴關係」。這將是當今世界最浩大、也最雄心勃勃的政治工程。中美形成的G2格局，其實對於美國最為有利，因為中國周邊的國家其實還是對美國暗送秋波，只是現在中國強大的勢頭難擋，而且最好再順便撈取好處。G2格局對於中國是有害的，而且周邊國家朝秦暮楚，有掏空中國綜合實力的可能。5月20日，中國國務院總理溫家寶在捷克首都布拉格出席了第十一次中歐領導人會晤後的記者會上提出：有人說，世界將形成中美共治的格局，這是毫無根據的，也是錯誤的。

美國故意提「G2」框架

2008年6月，就在第四次中美戰略經濟對話（SED）中美國彼得森國際經濟研究所所長弗雷德·伯格斯登在美國《外交》雜誌上發文，提出SED應進一步升級為領導世界經濟秩序的兩國集團(G2)格局，認為中美應「共用經濟領導權，並使中國部分取代歐洲地位」。隨後世界銀行行長佐利克隨後撰文支持建立經濟上的「G2」，並以此引領二十國集團（「G20」）。

在歐巴馬訪問中國期間當然需要營造某種和諧氣氛，但問題在於美國越是高調強調中美關係的重要，中國周邊的國家可能越是擔心，因為中國對於周邊國家的協調和互動方式並不明顯，蘇聯對於東歐的領導模式屬於垂直體系，而美國在北約則是合作式的，包括美國對阿富汗、伊拉克用兵，儘管出現問題，但基本上美國的盟國都會派軍隊到阿富汗、伊拉克。

所謂的軟圍堵中國和之前冷戰時期利用日本、韓國和東南亞國家圍堵中國的戰略發展不同，現在希拉蕊所倡導的軟實力最主要的體現在於中國戰略擴張中的問題而設置，中國在經濟實力得到發

展的同時，如何將這些經濟實力合理的進行國際戰略分配成為中國戰略的最大問題。由於中國周邊國家中俄羅斯很難搞定，中亞國家經常動盪，印度常發表反華言論，菲利賓和中國在海洋上有糾紛，印尼也有反華情緒，因此，新加坡才有發表一些莫名其妙言論的空間。因為中國的智庫最喜歡去西方國家，成績也最明顯，沒有人去中國戰略薄弱的地方成為中國智庫最大的問題。

軟圍堵的最大特性在於在中國周邊的國家充滿對於中國發展的不確定性，此時如果美國越是表示對於中國擴張的理解，其他國家則越是恐懼。最近，新加坡前總理李光耀就在美國和歐巴馬會晤的過程中表示，提醒美國應參與亞洲事務，以制衡中國的軍事和經濟力量，還說中國「有了航空母艦的藍海艦隊不只是要阻止外國介入台海衝突」。美國如不繼續參與亞洲事務，以制衡中國的軍事和經濟力量，可能失去全球領導地位。在中國，李光耀的講話引發了很多網民的不滿。大量網民抱怨：把他們當華人，他們卻不把中國人當自己人。中國專家認為新加坡傍大款心態，妄想成為亞洲以色列。中國人民大學國際關係學院副院長金燦榮教授表示，這次李光耀發表對華不太友好的講話，因為中國政府的大方向是韜光養晦，不會跟他計較；此外，他也認為中國百姓在外交中的作用不大，不怕激怒普通中國人。但這是李光耀的一個誤判，也是外國人普遍看不清楚的一點。實際上，中國民意在外交中的作用比他們想像的要重要得多。

新加坡做了一件錯事

李光耀先生的話可以說是關鍵的人物在關鍵的地點說了美國想聽的話。中國網友的反應是正確的，但抱怨內容是有問題的，就是說中國在與東協的交往過程中太偏重新加坡，因為中國的官員發現

與新加坡交往最容易取得成績，而馬來西亞和印尼有排華情緒，而
且一時難以解決，菲律賓則過度親美和與中國有領土糾紛，越南這
是老問題還存在，矛盾也難一時解開。這樣中國把很多好處給新加
坡之後，今年新加坡在經濟負增長前提下，加強與美國的關係，是
2010年新加坡擺脫經濟危機的關鍵。

　　中國外交的習慣和在國內的官僚主義作風極為相似，就是利益
過度集中，其他國家與其共用利益很難。比如在東南亞國家當中，
當然利用新加坡達到在東南亞國家中各種協約的簽署，有其積極的
作用，但之後如何處理中國在東南亞國家中的利益分配則是難題，
但這是一件需要快速處理的難題，從李光耀先生的談話可以看出來
新加坡作為城市國家在國際政治間的角色基本就是政治掮客或稱為
說客，作為說客基本是沒有原則的，新加坡人本來就是會說中文的
新加坡人而已，說新加坡人是華人是中國人一廂情願。其中的問題
在於如果是東協其他國家領導人說出李光耀先生講的同樣的話，其
作用將會非常微小，或者李光耀先生在APEC會後再講作用同樣也
會很小，作為中國駐新加坡的官員同樣要非常敏感，李光耀先生在
說出這樣話的之前，一定會有蛛絲馬跡表現，防止李光耀先生說出
不利於中國發展的話，還是可以做到，這基本上是中國駐外官員的
失職表現。

冷戰策略仍然被運用

　　美國現在對於中國的策略和當年羅斯福對付史達林的手段非常
類似，當年史達林在第二次世界大戰快要結束的雅爾達會議中，為
蘇聯在東歐、東亞取得了大量實質的好處，當年美國的策略就是保
住西歐國家瀕臨破產的經濟，並且在冷戰期間成立北約織。相對來

講華約組織一直處於攻勢，在六十年代華約組織進攻的過程中，東歐國家和蘇聯之間的矛盾逐漸顯現，其中匈牙利、南斯拉夫和蘇聯的矛盾最深，華約組織最終的解體是蘇聯擴張過快和對東歐國家垂直領導兩個原因造成。

中國和美國在談判中最大的問題在於，中國永遠不相信美國的話是真的，而美國一直對於中國的民族主義情緒保持高度的戒備，這與六十年代中蘇的關係很像，不同的是美國的副國務卿裡面一定有一位元是熟悉中國事務的官員，這樣當有任何的小問題時，美國政府都會在第一時間掌握。

美國高層智庫對於日本和中國問題的最大原則就是，把日本限定在圍堵中國的島鏈上，但在歐巴馬時代最大的不同是，日本可以在圍堵中國的島鏈上扮演政治角色，提高日本的政治地位，這是需要中國要注意的。

2010年中美關係將危而不險[15]

　　2010年1月9日香港《南華早報》報導中美雙邊關係今年面臨一系列難題，中美「蜜月期」或將結束。美國智庫歐亞集團（Eurasia Group）5日發佈報告稱，由於貿易摩擦加劇，中美關係2010年有可能惡化，這是今年最大的地緣政治風險。今年中美關係將會出現大量摩擦的這種假設是否真正存在呢？中方學者認為，對台軍售、歐巴馬會見達賴以及貿易爭端，這三大危機在今

---

[15] 本文發表於廣州《時代週報》，2010年1月13日。

年第一季度同時爆發的可能性為90%。這三項危機基本上是由眾多複雜因素組成，不是由美國某一個行政部門造成。如果中國希望化解危機，那麼需要中國全方位出擊。

中方必須體認：美國智庫人員提出的中美摩擦基本上都不是美國行政部門主觀意願上希望如此。主要問題在於行政部門必須或多或少滿足來自立法、司法、非政府組織和媒體的要求。美國立國後不僅在立法、行政、司法三個方面各自獨立運作，而且現在軍事、媒體、非政府組織也是獨立於政府運作的龐大利益群體。

中美關係的重大隱患在於，中國方面始終重視和美國行政部門的接觸和遊說，中方對於美國的立法系統、司法系統、非政府組織和媒體的遊說則是嚴重不足。在現有的金融危機下，美國行政部門希望能夠和中國進行全方位的合作，但其他部門則不會這樣認為。非常明顯的是包括美國的非政府組織可運用的資金儘管有少量減少，但非政府組織未來對於國際可以進行的研究項目並沒有減少，只是更加節約了而已。

美國所預測的中美摩擦主要集中在政治議題上，而政治議題的產生則是多種因素造成，對此美國方面並沒有進行深入的分析和告知。目前擔任約翰霍普金斯大學高級國際研究員的大衛·蘭普頓認為，中美關係將會在權力、金錢和思想三個方面全面交鋒，但前提是美國和中國相互需要，互需的基礎大約只是行政部門和實體經濟。蘭普頓曾經向筆者私下表示，中國始終重視與行政部門的交往，但美國行政部門主要是各方面利益團體的最終協調者，這樣中美關係處於不穩定和令人擔憂中將會是常態。

中國在2009年開始加強媒體對外宣傳的強度，但問題在於西方媒體是否能夠接受來自中國媒體的新聞報導，如果在2010年，西方媒體開始接受來自中國的媒體報導，那麼西方國家的受眾是

否會喜歡這樣的新聞報導模式呢？顯然中國方面加強對外宣傳的方式基本上具有針對性和希望快速解決問題，但從西方國家民眾長期接受新聞報導的方式來看，中國的對外報導還存在改進的空間。另外中國對外新聞報導的重點在於中國對於世界性的焦點問題的解決態度。問題在於中國的官員和智庫很少到衝突地區進行研究和考察，而此時美國的智庫、媒體人則常常出現在衝突地區，其對於世界問題的解決的態度不斷改進。

　　中國對於美國的影響主要集中在行政方面，這樣使得2010年中美關係變得更加敏感，如果中國能夠在2010年全面出擊，將會改變未來三年的局面。

俄羅斯面臨外交大轉型[16]

【大公評論】梅德韋傑夫總統的對外政策正在經歷著不同於以往的四個重大轉型。第一，在外交自我定位上，正從強國型向大國型轉換；第二，在外交戰略謀劃上，正從應急型向預防型轉換；第三，在外交涉獵範圍上，正從局部型向全局型轉換；第四，在國際形象上，正從暴力型向道義型轉換。

　　11月12日廣州《二十一世紀經濟報導》首發俄羅斯總統梅德韋傑夫在APEC上演講的中文版。梅德韋傑夫指出，俄羅斯未來不僅

---

[16] 本文發表於香港《大公報》，2009年11月22日。

要以豐富的石油、天然氣、礦產資源、生物技術和淡水資源，而且將會用科技、生產、人才潛力和極具競爭力的一些「資產」與世界競爭。梅德韋傑夫的表態，其實是俄羅斯外交轉向的重要標誌。當前俄羅斯仍面臨信心方面的挑戰。

中國社會科學院俄羅斯東歐中亞研究所和社會科學文獻出版社主辦的《俄羅斯東歐中亞國家發展報告（2009）》指出，2008年俄格衝突的爆發是俄羅斯反對北約東擴的強力表現，是俄羅斯外交轉型的標誌性事件。梅德韋傑夫總統的對外政策正在經歷著不同於以往的四個重大轉型。第一，在外交自我定位上，正從強國型向大國型轉換，要考慮到俄羅斯在國際事務中日益提高的國家作用。第二，在外交戰略謀劃上，正從應急型向預防型轉換。梅德韋傑夫上任後多次指出：一個強大的國家，其外交不僅應該具有善於處置危機的能力，更應該具有預防危機的能力。新的《俄羅斯對外政策構想》也強調，俄羅斯奉行「有預見性的實用主義外交政策」。第三，在外交涉獵範圍上，正從局部型向全局型轉換。第四，在國際形象上，正從暴力型向道義型轉換。

俄在地緣政治上角力

莫斯科國際關係學院政治學院院長弗斯克瑞森斯基教授，從能源問題來看俄羅斯外交的特點。他強調俄羅斯在亞太地區與中國在能源策略上具有合作前景的重要性。他認為，亞洲或是亞太地區在世界政治上扮演越來越重要的角色，尤其是能源的需求使亞洲變得越來越重要，俄羅斯在這方面與中國合作大有作為。亞洲許多國家已經把能源問題視為國家安全的根本問題，並且很大程度地影響了亞洲國家的外交政策。他認為，亞洲能源市場已經成了世界經濟的

重點，而能源的勘探與開發以及為此引發的能源爭奪戰，儼然已經構成地緣政治上的嚴重衝突。

從弗斯克瑞森斯基談的大亞洲能源戰略來看俄格的軍事衝突，不難理解格魯吉亞的問題對於俄羅斯國家安全戰略的衝擊程度。自2002年起，阿塞拜疆、格魯吉亞和土耳其就在美英兩國支持下，修築一條長達1760公里、輸油能力每天超過100萬桶的巴庫→第比利斯→傑伊漢石油管道。由於格魯吉亞和俄羅斯爆發軍事衝突，英國石油公司（BP）2008年8月12日關閉了兩條途經格魯吉亞的原油和天然氣管道。英國石油公司稱，這兩條管道並沒有因軍事衝突而遭受破壞，關閉管道是出於安全考慮。國際能源機構此前警告說，俄格軍事衝突將威脅到途經格魯吉亞境內的油氣管道，而格魯吉亞在能源市場上具有重要的戰略意義，一旦管道遭破壞，原油輸送將受到嚴重影響。不難發現，格魯吉亞試圖挑戰俄羅斯在高加索地區霸權和帝國主義，來彰顯自己的重要性。單純強調俄羅斯的國家安全受到相對弱小的格魯吉亞威脅也難以完全理解這裡的問題。因此俄格問題必須擺在俄羅斯、格魯吉亞和西方國家三方角力的框架下來檢視。若說高加索地區呈現出無政府狀態的特徵，那麼權力和安全利益必須在具體的互動關係和事件的脈絡下來分析，才能探究出這裡的衝突要素，以作為解釋和準確預測的基礎。

將會在七個方面努力

莫斯科國際關係學院東亞暨上合組織研究中心主任盧金教授對於俄羅斯外交的分析，則側重中國在平衡俄羅斯與西方關係中的角色。盧金認為，俄羅斯軍事支持南奧塞梯的舉動，幾乎破壞了俄羅斯與西方國家在九十年代所形成的關係模式，並且確立了新的局

勢。俄格軍事衝突表示俄羅斯拒絕西方的遊戲規則,俄羅斯對於捍衛自己國家利益的作法會是具體的行動而非嘴巴說說而已。盧金認為,相對於蘇聯與西方的外交關係建立在意識形態的對立上,以摧毀西方帝國主義世界為目標,俄羅斯把西方當作是文明世界和世界政治的中心,俄羅斯要參與其中,並且能夠與西方國家密切交往與相互影響。俄羅斯外交上儘管強調多極政策,但是在俄羅斯與西方外交政策的主軸下,俄羅斯在對中國、伊朗和中東國家的外交關係上,扮演的是平衡與施壓西方國家的槓桿角色。

盧金認為,俄羅斯不似蘇聯有佔領世界的企圖心和宣傳意識形態的明確目的,俄羅斯的外交政策特點,總體要為國內經濟發展和社會政治穩定塑造良好的外部環境。外交政策首先要符合國家利益,其次要找出俄羅斯要如何被國際社會需要和認同。

未來俄羅斯政府將會在七個外交方向做努力:扮演對抗大規模殺傷性武器與核擴散的領導角色。打擊國際恐怖主義和地區分離主義。加強與周邊國家的友好關係,並且建立有效的合作機制。發展與西方國家的共同利益。與世界主要權力中心的國家建立合作關係,例如建立莫斯科—北京—華盛頓三邊互動合作機制,並在金磚四國和八國峰會框架下發展更為緊密的經貿關係。解決格魯吉亞問題,避免國際勢力干涉。加強資訊活動的能量。

國際宣傳戰仍然不足

俄羅斯在格魯吉亞入侵南奧塞梯後的行動,俄羅斯沒有在第一衝突的時間內很好地向國際媒體與國際社會解釋自己的行動,在資訊缺乏下,國際媒體採取慣用的意識形態對立的手法,導致報導完

全一面倒向斥責俄羅斯，國際輿論的壓力過大也給俄羅斯增加負面的形象。

　　蘇聯解體後外交最大的轉捩點莫過於梅普共治下所發動的對格魯吉亞軍事打擊，俄格軍事衝突象徵俄羅斯正式向西方國家與北約組織展現了梅普體制的強硬實力外交。不過俄羅斯政府對於俄羅斯在輿論戰中的弱點認識是很清楚的。俄羅斯外交部長拉夫羅夫認為，俄羅斯的媒體與官方的資訊顯然沒有在俄格軍事衝突中發揮作用。由此仍可窺知，俄羅斯媒體在國際媒體的新聞輿論戰中，與其外交展示的決心相較，顯然是相形失色的。

中俄貿易戒「灰色清關」

　　「灰色清關」起源於蘇聯解體後市場經濟尚未建立起來時，屬於海關官僚和民族問題的綜合表現。「灰色清關」代表著自蘇聯解體後的恥辱。國家進口商品不能夠收到關稅，這在任何國家都是難以想像的事情。中國商人必須面對俄羅斯政府現在的態度和立場，擺脫舊模式。

　　「灰色清關」起源於蘇聯解體後市場經濟尚未建立起來時，屬於海關官僚和民族問題的綜合表現。中俄兩國貿易結構單一，中國輸俄的主要是服裝、鞋帽和其他民生消費品，而進口俄羅斯

的主要是武器和能源。因此，中國商人出口要遵守俄羅斯法律是
必然的。中國出口特點是：不守法賺小錢；俄羅斯的特點是：守
法、不厚道、刻薄。

自蘇聯解體之後，俄官僚體制受到嚴重的挑戰。首先是官僚
的工資隨著盧布的大幅貶值，而變得一文不值。1990年前盧布和美
元的比價是一比一，黑市大約為一比十到二十，一般官員的收入在
一千五百盧布以上，就是說月收入都在一千美元以上。但到1994年
為止，匯率已經變為三、四百盧布兌換一美元，那麼官員收入馬上
變為幾個美元而已。官僚工資提高的速度很慢，黨的書記穿著舊西
服在地鐵上要飯比比皆是。

俄羅斯海關效率低下和腐敗眾所周知，但這並不構成中國商人
進行「灰色清關」的理由。這些效率低下和腐敗的海關，同時還處
理美國、歐洲和世界各國的商品，為何俄羅斯海關唯獨對於中國商
品情有獨鍾？

擺脫貿易舊模式

「灰色清關」代表著自蘇聯解體後的恥辱。國家進口商品不能
夠收到關稅，這在任何的國家都是難以想像的事情。現在俄羅斯經
濟發展遇到困境，依靠「灰色清關」發家的高加索人對於俄羅斯經
濟的幫助不大，還把其中大量的資金搞到海外投資。中國商人必須
面對俄羅斯政府現在的態度和立場，擺脫舊模式。

「灰色清關」的民族性問題，主要體現在經營清關公司的人都
為亞美尼亞人、阿塞拜疆人等高加索人。蘇聯解體前這些人在莫斯
科都處於社會邊緣，但他們對於市場經濟的領悟要高於莫斯科人，
在莫斯科的黑社會中影響非常大。再加上俄羅斯的安全單位有個傳

統就是高加索人非常多，蘇聯解體後原來在安全單位的官員也出來經商，這樣找同種族的這些社會邊緣人物就成為首選。這些安全官員把盈利的目標定為俄羅斯國家的資源和海關，出賣俄羅斯資源為首選。1998年俄羅斯曾希望出售俄羅斯石油公司，當時中國方面希望購買，但在俄羅斯總統府的干預下未果。

普京與梅德韋傑夫所建立的「新黨國體制」的特點，在於政府、政黨、基金會、智庫的多元互動，避免國庫通黨庫和接納體制外的人才，這裡排除了寡頭參與國家運作。所以普京這次很有本錢來對付俄羅斯的不法商人，其民意和媒體支持度非常高。這次銷毀中國貨的民意支持度超過60%。

採內外兼修方法

1994年當筆者到莫斯科後就對於莫斯科的黑社會非常好奇，中國的報紙對此有非常多的報導。經過自己的理解和經歷之後才發現，所謂當時俄羅斯的黑社會就是蘇聯的退休官員與社會邊緣人所形成的利益集團。商業或者政治敵人經常會受到專業狙擊手直接暗殺，善良一點，就往對手的車裡丟一包毒品，讓他五年都在法庭裡應訴。莫斯科街頭的小混混則不是黑社會。

處理「灰色清關」的主要方法，要內外兼修。對內，中國的俄羅斯研究單位和商人、商會合作，建立預警機制。在中俄關係發展中，研究俄羅斯問題的研究單位和智庫普遍處於高水準，但在俄做生意的中國商人普遍素質較低，而且普遍還不會說俄語，華商基本上不與俄羅斯的政府打交道。這樣就形成了研究和商業平行線的結構。中國的智庫單位與俄羅斯政府有相當深的交往，華商需要成立相關的基金會與中國智庫合作，相互交流應對俄羅斯政府的經驗。新華

社對於中國和西方國家的經濟政策新聞直接付費供中國和外國公司使用。中國政府還可以懲治和沒收「灰色清關」公司在中國的資產。

中國公司再不能以小智慧對待俄羅斯。比如在俄華人經常稱俄羅斯人懶惰，其實這是對於俄羅斯完全不瞭解。因為俄羅斯的本質是對外大肆宣傳自己的自然資源，使得全世界的投資公司對此都垂涎三尺，然後等到這些公司來投資後，就在一段時間內扣下資產，將公司請出俄羅斯。到現在為止對英國、美國等西方國家都是這樣，中國商人無投資則直接扣貨。俄帝國是關門扣貨，英帝國是開門搶劫，美帝國則是連鎖加盟賺利潤，中國人靠節衣縮食和壓榨自己人起家。

勸商人正常報關

俄羅斯經常是使用政府手段來對付華商，華商不能夠等到出問題後才與政府聯繫，平時不能夠簡單認為只要與官員吃吃喝喝就等於有了靠山。未來華商、使館官員與智庫成員必須形成三位一體的互動機制。華商完全不能夠獨立應付來自俄羅斯政府的干擾。

對外，中國政府需要統一行動來對付這次俄政府的清場行動。中方必須主動輔導來自浙江和福建的商人進行正常的報關，否則這些作坊式、家庭式的生產商未來在俄完全沒有出路。

之前，俄內部官員和所形成的既得利益集團的博弈，使得最終罰款放行。現在俄羅斯經濟發展遇到困境，普京已經確認拋棄這些已經形成的週邊既得利益集團，那麼這次普京所採取的措施是銷毀不是罰款，這是一個警訊。

這樣華商不能夠依靠中國政府來解決最後的問題。當中俄的關係正常發展中，常常遇到俄羅斯官員出狠手處理中國商人違法的情

況。上次中國商船被擊沉，也都是自己犯了個小錯，結果被狠狠教訓。

　　中國政府需要規範自己商人的行為，中國商人不能夠因為一些小利潤，就明顯在俄觸法，結果是一定會被狠狠教訓，因為俄羅斯很多官員還是看不得中國崛起，在思想上量刑從重的心態很重。

俄「新黨國體制」已成形

【大公短評】普京在切爾基佐沃市場沒收的近6000個集裝箱貨物，價值20億美元，涉及3萬名左右在俄華商。其實這次行動的對象是梅普模式中「新黨國體制」的靶子。梅普模式轉變為「新黨國體制」，對於中國商人而言，就是尋正規途徑出口俄羅斯，增加俄羅斯政府的收入，「灰色清關」變相讓寡頭收益的時代已經結束了。

新黨國體制

　　普京與梅德韋傑夫所建立的「新黨國體制」的特點在於政府、政黨、基金會、智庫的多元互動，避免國庫通黨庫和接納體制外的

人才，這裡排除了寡頭參與國家運作，所以普京這次很有本錢來對付俄羅斯的不法商人，其民意和媒體支持度非常高，這次銷毀中國貨的民意支持度超過60%。

莫斯科東部行政區區長葉夫季赫耶夫29日宣佈，切爾基佐沃集裝箱大市場自當日起被臨時關閉。普京在切爾基佐沃市場沒收的近6000個集裝箱的貨物，價值20億美元。俄羅斯總檢察長柴卡表示，這些查封的商品絕大部分是通過「灰色清關」的中國商品，涉及3萬名左右在俄華商。現在中國媒體還在討論「灰色清關」的問題。其實這次行動的對象是梅普模式中「新黨國體制」的靶子，所有擋在「新黨國體制」面前的障礙都將會馬上被除掉，包括不守法的俄羅斯商人和中國商人。中國商人如果聰明的話，就要趕快換船，這些靠集裝箱市場起家的車臣人、印古什人等，已被普京拋棄了。

華商意外成為靶子

梅普模式轉變為「新黨國體制」，對於中國商人而言，就是尋正規途徑出口俄羅斯，增加俄羅斯政府的收入，「灰色清關」變相讓寡頭收益的時代已經結束了。查封中國商品十年前一般都是員警或內務部賺錢的手段，一次查封的貨物金額都在200萬到2000萬美元，最後都以10萬到200萬美元將貨物贖出，使館部門還視為自己的政績。現在扣貨金額已經到20億美元，這樣使館更要進一步宣傳梅普模式中普京扣貨真正的目的所在，否則這些連俄語都不會說的華商就沒有未來了。

梅普模式成型的目的是國際戰略組合還是經濟組合或者政治組合呢？跨部門、跨黨派交流成為「新黨國體制」的目的，建立蜂窩型、立體交叉結構、體制內外混合的官僚體制為梅普模式的最終目標。

　　蜂窩型、立體交叉結構的官僚體制其實就是普京結合政黨、政府、基金會、國家外交安全單位為一體的新「黨國體制」的再現。台灣國立政治大學俄羅斯研究所所長王定士教授認為，普京自2008年逐漸凝聚成「黨國體制」的氛圍，在2009年俄羅斯經濟危機中迅速成型。普京在新型「黨國體制」下，注意了避免「黨庫通國庫」的老問題，基金會就成為國家專案的另外一個完成單位。基金會在國家組建的基礎上，加入了跨部門成員和不願意進入體制的黨政精英。

　　俄羅斯再次擁抱「黨國體制」的目的在於：增加政府收入、加強對於腐敗的控制、穩定黨政的溝通平台。「新黨國體制」的試驗場就是不法商人。台灣國立政治大學俄羅斯研究所所長王定士教授認為，「黨國體制」中政務官和黨的平台進行溝通對於政策的貫徹和執行是非常有必要的，只是要儘量避免相互的干預，最好的模式就是將政務官和黨的經驗交流傳承，避免民主政治的內部消耗。

「新黨國體制」重協調

　　到2012年，梅德韋傑夫就可能被換掉，但普京仍保留總理地位，或成為總統。這樣的雙領導制，並以一個人為核心，可以在未來八年或者十二年間培養俄羅斯在技術、文化上的戰略優勢。俄羅斯不可能取代中國成為世界的生產基地，俄羅斯處於寒帶，如果環境被破壞，恢復的可能性為零。這樣，發展俄羅斯特色的經濟才是普京施政的重點。

　　按照普京本人的思路，就是將俄羅斯文化的優勢在基金會的靈活運作方式下體現出來，跨越黨派和政府部門，以專案為主軸，直

接協調。中俄在俄羅斯國家年和中國國家年之後，兩國的領導人都發現，儘管國家年非常熱鬧，且取得兩國人民的認同，但在解決兩國間存在的問題上，沒有直接的效果。

在中俄關係中，原來「遠東幫」的勢力最近兩年減弱的速度非常快，而中方的「東北幫」依然強勢。在中俄關係中，中方屬強勢一方，中方可以做到任何可能的要求，而俄方基本沒有任何的作為。「遠東幫」的崛起是因為在俄羅斯遠東地區的科學院與大學有著非常好的中文系，並且在沙俄時代，到北京的傳教士也是以遠東的傳教士為主。「遠東幫」處理中俄問題中存在的問題就在於，莫斯科與北京間的政治問題常常會和遠東經濟發展和領土保護的問題混淆在一起。

現在東北發展的重點將會是和俄羅斯遠東經貿關係的走近。對於這一點，北京與莫斯科的思維完全不同。莫斯科希望東北的發展能夠納入俄羅斯整體規劃的一部分，而北京希望與遠東和相關寡頭單獨來往，這使得莫斯科一直保持懷疑的態度。在中國和俄羅斯油氣管建設中的問題基本屬於這一類，就是寡頭和遠東容易一廂情願，即使俄羅斯遠東和寡頭都和中國簽署協議，最終還是會被莫斯科推翻。中國現在不但要與莫斯科在具體問題上直接打交道，而且現在的挑戰在於中國還沒有學會和俄羅斯的跨部門直接打交道。中國相關學術界已經展開行動，此時中國媒體包括新華社還沒有意識到這個問題的嚴重性。

「灰色清關」實屬無奈

程漢偉是一位俄文翻譯，在俄羅斯從事譯員工作多年，現回到綏芬河從事物流行業。他說，中方企業走「灰色清關」之路，實屬

無奈之舉，如果走「白關」（正常清關）俄羅斯方面的辦事效益實在太低下了，如果「點背」的時候，春天的應季貨運抵俄羅斯時可能到了冬季，不說賺錢，反倒是賠錢。俄羅斯現在是採取消極的辦法對待中國貨。中國貨太便宜了。其實，在俄羅斯不僅中國貨存在「灰色清關」，日本、韓國貨也存在這個問題。

曾在中國企業駐莫斯科辦事處負責接包業務的陳明（化名）說，他在2008年初回到國內，那時很多華商都以「灰色清關」的方式，利用俄羅斯一些「清關公司」從北京向莫斯科發貨。如果不通過俄羅斯清關公司，手續齊全，正常過關，所花費用是「灰色清關」費用的兩倍到三倍。陳明說，為了實現利益的最大化，這些經營服裝的商人鋌而走險。據小陳透露，交納一定的費用，通過「灰色清關」途徑進入俄羅斯的貨物，清關公司承諾會保你到莫斯科一路貨物的平安，進入大市場，市場的頭頭也會承諾保證貨物的平安。巨大的利益驅使和俄羅斯利益集團的結合，成為了「灰色清關」屢禁不止的主要原因。

龍省對俄進出口劇降

目前仍滯留在莫斯科的黑龍江人張偉，他在切爾基佐沃大市場為一位浙江商人做「副手」，經營窗簾、布匹等商品。他說：「此次俄羅斯查抄的中國商品，浙江、福建等地佔了主要部分，我的雇主就損失了幾十萬美金的貨，對於前年剛剛來俄做生意的他，幾乎把全部家產都投在貨上了，打擊很大，經過幾個月的奔走，沒能把貨弄回來，他也急病了，在五月份的時候，迫於無奈只能回國養病。」像這樣的事情，張偉近幾年見了很多。

中俄交流面應更寬

　　普京的跨部門運作計畫中的基金會因素增強，基金會在中國沒有相對應的對口單位交流。對此，華東師範大學國際關係與地區研究院院長馮紹雷教授也表示相當的憂心。中國對於俄羅斯的交流常常強調體制性、穩定性的交流，對於有影響力的智庫、自由人士、基金會的交流比較缺乏，比如研究美國、歐洲和獨聯體的俄羅斯基金會和自由學者就很少到中國，而這些人恰恰是普京和梅德韋傑夫周邊隱性核心人士。

　　梅普體制下的中俄關係將會和普京當總統時有著天然的分別。在普京總統時代，中俄關係比較強調部門對部門的協調合作。2006至2007年在國家年的框架下，部門間的合作加強。2009年隨著俄語年的展開，中俄在非傳統戰略安全領域展開合作，跨部門合作將會成為主流，而跨部門合作主要是在非傳統戰略安全全領域展開。如何理解梅普模式的「新黨國體制」是新的挑戰。

外高加索諸國媒體變質[17]

【大公評論】在美國看來，外高加索地區是進一步擠壓俄羅斯在前蘇聯國家「勢力範圍」的「前沿陣地」。美國利用媒體在格魯吉亞等國發動顏色革命之後，其方式開始轉變。這些國家的媒體對政府監督職能消退，這樣方便這些國家在沒有監督的情況下，與美國簽訂一些秘密協約。

　　據新華網12月20日的報導，美國與俄羅斯在外高加索地區的角力正日益加劇。這次新華社的報導非常準確的反映了顏色革命後高加索國家的狀況。在美國看來，外高加索地區是進一步擠壓俄羅斯

---

[17] 本文發表於香港《大公報》，2009年12月26日。

在前蘇聯國家「勢力範圍」的「前沿陣地」。同時,美國希望利用外高加索地區對伊朗進一步形成封鎖和打壓之勢,並利用該地區為美國在阿富汗的軍事行動提供支持和補給。

格魯吉亞、亞美尼亞和阿塞拜疆三國所在的外高加索地區,北靠俄羅斯,南接伊朗,東西分別瀕臨裡海和黑海。美國在格魯吉亞等國發動顏色革命之後,其方式開始轉變。這些國家的媒體對政府監督職能消退,這樣方便這些國家在沒有監督的情況下,與美國簽訂一些秘密協約,而且美國和非政府組織努力的方向也轉變:換政府不如讓現有政府俯首稱臣。

再爆發危機可能性降低

2001年後,先後在塞爾維亞、格魯吉亞、烏克蘭和吉爾吉斯爆發了顏色革命。最近在世界性的經濟危機下,未來在高加索地區和中亞再度爆發危機的可能性大大降低。顏色革命後,格魯吉亞、烏克蘭和吉爾吉斯國家媒體的監督職能消退,媒體和政府陷入對立狀態。主要問題在於這些國家的經濟並沒有隨著政府的更迭而好轉。2008年,格魯吉亞總統薩卡什維利甚至為此還冒險進攻南奧塞梯,結果遭到俄羅斯軍隊的反擊。

在顏色革命中,西方國家和由經濟寡頭支援的非政府組織主要採用了放大新聞自由,擴大民眾和政府矛盾的方式,在政府在沒有紓緩民間矛盾的前提下,爆發顏色革命。現在改變政權已經不是西方國家和寡頭支援的非政府組織的目的,因為風險太大,顏色革命已經成為西方國家與爭議國家談判的底牌。

出現顏色革命,主要是政府的腐敗、媒體的非全面報導和人民生活日益貧困三問題,而且這些矛盾難以跨越。發生顏色革命的國

家,發生的腐敗主要是在改革初期,國家在沒有資源和資金的前提下,出現權力分配不清楚的問題。格魯吉亞、烏克蘭、吉爾吉斯三個國家,基本特點都是資源缺乏型的國家。政府為了發展經濟,就會把國家僅有的一些資源廉價販賣給西方國家的公司。這些經濟行為被親西方媒體炒做為貪污行為。

非政府組織培養媒體人

其實在獨聯體內的顏色革命中,美國政府並沒有扮演重要角色,而是美國的議員、非政府組織和傳媒扮演了關鍵角色,其中所扮演的角色各異、分工詳細。美國議員主要是保障任何美國公民在獨聯體國家的利益,這些利益最主要的就是美國公民在獨聯體國家的言論自由,而美國公民在獨聯體國家言論自由的目的,則在於擴大美國價值的正面效應。這一過程大約需要十年的時間。另外,負責監督言論自由的非政府組織同樣扮演非常重要的角色,因為非政府組織不但觀察和評定獨聯體國家內媒體在新聞報導方面的自由,而且還會和所在的國家議會打交道,讓議會通過擴大言論自由的法案。非政府組織背後的金主則認為,如果這些獨聯體國家能夠改變政體,金主們在美國或者西歐國家議會和政府裡面的發言權就會增加,而且美國對於這些海外投資基本都是免稅的。

非政府組織對於媒體人的培養也不餘遺力。在這段時間,非政府組織開始給獨聯體國家媒體人灌輸媒體監督政府和媒體第四權的概念。這些概念本身在西方國家運行多年,不存在太大的問題,問題在於,在西方的支持下強調媒體第四權使媒體成為獨立的權力單位,媒體內部監督失衡,而獨聯體的政府僅控制一部分媒體。另

外，一些國家的非核心人士進入西方國家支持的媒體。這一點在烏克蘭就非常明顯，烏克蘭第五電視台內就有大量親美的媒體人。

顏色革命爆發，可以說是獨聯體國家的政府和人民，沒有完全理解現代國家關係和冷戰思維延續的結果。獨聯體國家的人民在一些表面現象下，片面強調新聞自由和選舉中的純潔程度。任何選舉都會存在瑕疵，包括美國2000年總統選舉。

索羅斯基金及開放社基金會，2007年對哈薩克斯坦的投資額度為318.6萬美元，2007年對烏克蘭的投資為780.9萬美元。

外國基金會目標在政治

這些投資分別按照藝術與文化、民權社會、會議與旅行、經濟改革、教育、資訊、法律與刑事司法、媒體、公共行政、公共衛生、婦女計畫、青年計畫等共十三項分類進行撥款或者稱為投資。其中1999年對烏克蘭投資最多，並且主要集中在培養烏克蘭青年的計畫上。哈薩克斯坦在2002到2004年獲得的投資也不少。包括藝術與文化、民權社會教育、資訊、法律與刑事司法、公共行政、公共衛生、青年計畫，都是透過當地媒體的民主化來實行。

基金會2002年對哈薩克斯坦工作的一個重點是，促進獨立媒體的發展，並通過其主要城市以外的記者開展專業培訓和研討會來加強獨立媒體的基礎建設。該基金會還支持那些對政治和社會問題進行專業和公平報導的獨立的新聞工作者和媒體出版物，包括當地語言的電視節目。2003年把工作重心放在促進民主化和民權社會的發展上，以此應對該國不斷出現的政治問題。

西方逐漸接受俄式民主[18]

【大公評論】西方國家和俄羅斯和解的跡象，就在於對俄式民主的認同，這有別於中國和西方世界在市場經濟運作的認同。俄羅斯改革重點在於，考慮如何分配能源收益和保持公民機會面前的平等。其對外說明和推銷已經開始，讓西方開始逐漸接受俄式民主成為俄羅斯外交重點。

　　據俄羅斯《生意人報》報導，俄羅斯常駐北約代表羅戈津12月7日宣佈，2010年俄美將舉行聯合軍事演習，地點尚未確定。早在11月25日羅戈津在布魯塞爾宣佈，俄與北約已徹底結束自去年以

---

[18] 本文發表於香港《大公報》，2009年12月13日。

來的對抗，準備在軍事領域展開密切合作。12月4日，在俄與北約理事會外長級會議上，雙方宣佈因南奧塞梯戰爭而凍結的雙邊軍事合作正式解凍，同時將簽署一項允許俄專家維護在北約成員國和阿富汗使用的蘇制軍事裝備的協定。面對西方世界和俄羅斯的一連串動作，使得相關分析人士不由得懷疑，自冷戰之後西方國家和俄羅斯的隔閡已經解開。從現在的動作看，西方國家和俄羅斯和解的跡象，就在於對俄式民主的認同，這有別於中國和西方世界在市場經濟運作的認同。中國的認同方式符合自身特點，但不夠長遠，常容易出現糾紛，中國也應該完整論述中國式民主模式的框架。

俄與西方隔閡解開

　　台灣中研院特聘研究員、台灣大學政治系吳玉山教授，最近發表專文表示：為什麼俄羅斯的民主表現出現了一般俄國民眾的主觀評價和西方學術機構的客觀評價之間巨大的差距？一個可能的原因，是普京政府對於大眾傳播媒體的控制，影響了民眾對於周遭環境的認知，因而沒有察覺到自由的限縮和民主的倒退。另外一個更大的可能是，西方學術機構對於各國民主表現的評價方式，由於考慮到跨國比較的方便，並沒有針對各地的國情進行設計，因此無法反映俄羅斯的實況。事實上，對於俄國民主表現的瞭解，沒有參酌俄國人民的實際觀感，是大有疑問的。

　　俄羅斯在落實民主框架時，注意了一個問題，就是內外有別。對外俄羅斯比較強調主權完整下的民主進程。自蘇聯解體以來，俄羅斯聯邦不但面臨來自獨聯體國家、東歐國家和西方社會的壓力，而且俄羅斯內部也存在分裂的危機。首先是高加索地區的車臣及其周邊地區，然後是遠東地區，最後還有一塊飛地，與俄羅斯不連接

在波蘭和德國之間的加里寧格勒地區。對於車臣及其周邊地區，俄羅斯主要採取軍事鎮壓和懷柔的策略，直接定位遠東地區為軍事發展地區，避免過度商業化後的遠東地區被中國同化的危險。

　　當初在蘇聯解體前，蘇聯內的俄羅斯聯邦民眾認為自己的經濟實體最強，反對聯邦向其他加盟共和國提供資金和資源。但當蘇聯解體之後，俄羅斯聯邦民眾才發現適當的資金和資源支援對獨聯體國家是合算的。對於俄羅斯的國家安全而言，穩定的獨聯體國家是俄羅斯對外政治擴張的保障，如果獨聯體國家陷入混亂和內戰，俄羅斯國內的安全首先就受到威脅，尤其是恐怖事件頻發，毒品氾濫，是最近俄羅斯國內主要的問題。俄羅斯如果不能穩定獨聯體國家的話，俄羅斯在世界能源價格的定價權也受到威脅，比如烏克蘭會影響能源輸出的管道，中亞國家會把自己的資源亂賣，高加索地區則直接把能源產地販賣給西方。

主權民主成為首選

　　「主權民主」的討論，便是以蘇爾可夫為首的克里姆林宮理論家們，希望能夠擺脫西方的壓力，以俄羅斯本身的國情來搭建出適合本身的民主體制，也可以說是民主制度和民族主義的糅合，或是「具有俄羅斯特色的民主」。那是一種對於葉爾欽時期以西方的民主模式馬首是瞻的反動，也是對於烏克蘭與喬治亞顏色革命的抗衡和俄羅斯施展軟權力的表徵。

　　主權民主應該是俄羅斯高層智庫用來對外解釋俄羅斯民主發展的方向。如果俄羅斯不保留主權的話，不但不能首先享受民主帶來的好處，而且馬上會面臨國家的分裂，對此民主政策沒有任何的好處，而且地方選舉制度還會促進主權的分裂。

　　西方國家必須承認民主在俄羅斯的起點非常低，而且在蘇聯強權下為國民帶來榮耀之後，民眾其實只希望吸收西方民主中的自由成分，而對於經濟、政治體制、政黨形態、立法方式等各方面的接受，思想準備不足是現實主要情況。而且西方國家在蘇聯和東歐國家推行民主的人士，很多抱持冷戰思維，在很大程度上，這些人的思維是以要消滅蘇聯政權為首位，民主為手段或者思想武器，宣傳民主中的事例，多為金錢下的特殊示範，這些事例並不具備普遍性。這樣的特殊人士宣傳的西方民主具有兩面欺騙性，表現形式是蘇聯民眾以為實行民主後就進入金錢和自由的天堂，西方國家也認為民主是自己的主要優勢，而馬克思所提出的西方社會主要優勢機會平等則被忽視。

平等應是改革重點

　　現在包括俄羅斯和中國在內，內部改革的重點在於公民是否可以機會平等享受發展帶來的好處。實行民主最大的問題就在於民主無法解決經濟增長的問題。在經濟增長下逐步落實民主精神，這是中國現在施政的主要方向。民主不光是選舉，在每個方面都應該體現，在西方國家民主同樣是需要不斷改善的。包括造成世界性經濟危機的投資客，這些人都是在自由的口號下肆意擴張資本。

　　俄羅斯改革重點在於，考慮如何分配能源收益和保持公民機會面前的平等。其對外說明和推銷已經開始，讓西方開始逐漸接受俄式民主成為俄羅斯外交重點。

普京再讓西方大吃一驚

　　12月10日，俄羅斯四大黨聯合提名第一副總理梅德韋傑夫為2008年總統大選候選人，普京對此表示支持。據眾多西方媒體報導，西方對於普京的決定非常吃驚，西方原以為普京會從俄羅斯政壇的二線人物中選自己的意中人，西方正準備在接下來的4年時間，以各種理由來攻擊普京政治操作手法的問題。

　　現在看來，普京的決定有兩層含義，一是，這代表普京的強國模式將會得到有力的支持和延續；另外，俄羅斯將會從普京一人決定所有問題的階段轉變為兩人或多人來共同解決的集體決策機制。

普京強國模式的核心就是保持獨聯體整體的穩定程度，俄羅斯在經過巨大的變革之後，儘管最近幾年世界的能源價格發生巨大變化，俄羅斯仍然沒有擺脫原料供給地的命運。此時俄羅斯的能源戰略大約分為幾層，首先是低價保證獨聯體國家經濟發展的需求，然後，在對歐洲能源的出口中獲利。俄羅斯對於獨聯體國家的低價能源政策，主要是為了保證在整個的經濟體系中，俄羅斯能夠與獨聯體國家形成一個不需要外部的循環體，這樣俄羅斯不容易在政治較量中受西方影響，甚至有時候俄羅斯越與西方對抗，俄羅斯的戰略地位越能得到保證，因為只有俄羅斯戰略地位得到提升，俄羅斯才能夠最大限度地控制和參與世界能源價格的升降。俄羅斯現在一直對於另組一個區別於歐佩克（石油輸出國組織）的國際機構非常感興趣，其實，控制石油的價格才能夠最大限度地保障俄羅斯的國家發展。

有西方媒體10日列出普京的四種可能去向。一，出任政府總理；二，擔任俄羅斯——白俄羅斯聯盟領導人；三，比較虛名化的「國家領袖」身份；四，領導世界上最大的天然氣公司——俄羅斯天然氣工業公司，或掌管對俄外交和國防安全有強大影響力的俄羅斯國家安全委員會。

現在看來，普京比較傾向於宮廷政治的做法，就是讓各界隨便列出任何的可能性，但最後的選擇，絕對是從維護俄羅斯國家利益和安全的角度出發，站在輿論的制高點，做出讓人感到吃驚的選擇。普京政府8年間在立法等相關領域快速提高公務人員的效率，這次杜馬選舉中支持普京的「統一俄羅斯」黨支持率過半，相信在接下來的時間裡，普京心中的很多法案將會逐步通過。與普京相處17年的總統候選人梅德韋傑夫，也會強力支持普京未來的政策，這樣俄羅斯強國的政策必將在多個政治強人身上

　　體現，而俄羅斯現在的強人政治也必將會在憲法體制下延續。未來俄羅斯的強國策略與西方的戰略發生衝突的可能性大為提高，但俄羅斯也必將依靠自身的能源，展開維護國家利益的戰略外交。作為正在崛起的強國中國，其平衡的角色不言而喻。

新疆維穩需要國際合作

【大公短評】在新疆問題上，需要將恐怖分子與民族問題區分開來。這次在新疆出現的騷亂，就是以恐怖分子為核心的一幫人，從喀什、和田分別進入烏魯木齊，聚合後，晚上出擊。這是車臣恐怖分子的翻版做法。在這方面俄羅斯反恐部隊有更多的對付手法，中俄需要真心交流。

　　中共中央政治局委員、新疆維吾爾自治區黨委書記王樂泉，在15日下午結束的自治區幹部大會上表示，在烏魯木齊「七五」事件中，儘管有一部分暴力骨幹分子負案在逃，但多數已被抓獲歸案。隨後美國國務卿希拉蕊在新聞發佈會上呼籲有關各方克制，儘管當

地長期存在著緊張與不滿，但是當前最要緊的是結束暴力。烏魯木齊市委書記栗智在接受中央電視台記者採訪時透露，參與打砸搶燒的犯罪分子相當一部分人來自喀什、和田等地，當時並沒有預料到事件發展的嚴重性。流亡海外的熱比婭拒絕伊斯蘭馬格里布基地組織的聲援，表示暴力不能解決問題，國際恐怖分子不應趁機獲取好處。鳳凰衛視著名媒體人何亮亮先生認為，有意將「七五」事件描述成苦情戲的熱比婭都很清楚，基地組織是一劑票房毒藥，發生在新疆的事情，並非宗教議題。

政策宣傳力度不夠

7月13日，美國國務院發言人凱利在記者會上回答提問時承認，以熱比婭為首的世維會組織一直接受美國國家民主基金會的資助，該基金會的資金主要來自美國國會。僅2007年，民主基金會的涉華資助總額就達到600萬美元，其中「民運」獲得250萬美元、「藏獨」45萬美元、「東突」52萬美元。在德國的維吾爾人並不多，但支持同情維吾爾的土耳其人是德國最大的少數族裔。德國的幾個主要政黨都有土耳其人，德國填補了過去蘇聯在新疆留下來的空間。中國需要通過自己的非政府組織和國際組織的權威，到美國和德國的議會中，指出他們政策的錯誤性。

2003年中國公安部宣布，東突恐怖組織有4個：東突厥斯坦伊斯蘭運動、東突厥斯坦解放組織、世界維吾爾青年代表大會、東突厥斯坦新聞資訊中心。其中兩個組織有合法的網站公開發佈消息，而中國在資訊管理上存在嚴重問題。關鍵字「東突」中文google有一千九百萬詞條，英文有三十三萬詞條。中文沒有的內容，英文基本上都有，這表示中國媒體需要在英文新聞報導上加強和增加詞條

和新聞。中國政府的聲音沒有傳達到國際社會應該是事實，而且如果用維語輸入這次事件的關鍵字，那麼出來的都是東突網站所提供的內容。新疆媒體在維語新聞和英語新聞的報導力度，看來是非常的差。

　　另外，中國在新疆問題上需要將恐怖分子與民族問題區分開來。西方國家已經發現中國強大的行政力量同樣是其最大的弊病，因為強大的行政力量在某種程度上已經成為利益內部分享的源頭，而且在遇到像恐怖分子製造的衝突和騷動時，中國並沒有學會與國際打交道。比如，新疆的恐怖分子，早在十年前，「911事件」沒有發生時，訓練場在車臣，並且俄羅斯獨立電視台在1999年的新聞報導中，還將東突分子誤認為一般的中國人，後來晚間新聞才改變了稱呼。「911」後，阿富汗又成為東突的訓練場，這些東突分子可以說是經過真正的恐怖主義分子的訓練。從實戰經驗來講，中國的反恐人員還要到反恐的一線去實踐，比如車臣、高加索地區、阿富汗地區等。一般來講，中國反恐人員的基本素質要高於一般的士兵、武警，但在面對恐怖分子時需要更多的經驗。美國也同樣，儘管美國軍隊和反恐部隊擁有大量的高科技武器和預算，但在面對塔利班恐怖分子時，直到現在為止都沒有抓到本拉登。

聯手對付恐怖分子

　　這些恐怖分子很多基本上天生就為戰爭而生活。正常來講，很多的孩子應該上學、工作，而處於中亞和高加索地區的孩子，可以說，生來就會搞汽車和武器。比如，生活在莫斯科的高加索人，星期天的最大樂趣就是早晨把汽車拆了，然後晚上再全部裝上。這對

於中國擁有汽車的民眾來講是不可想像的，很多中國民眾買來汽車後，別說是自己修車，就是加機油很多人都不會。

中亞的塔吉克斯坦是阿富汗毒品的必經之路，莫斯科也是阿富汗毒品到歐洲國家和美國的最大中轉站，那麼在這條線上的恐怖分子和東突恐怖分子的狡猾性、相互交流性和對於自身地域的熟悉性是非常突出的。

因此，對付東突恐怖分子需要一支專業資訊反恐部隊，瞭解東突分子所傳播的資訊，並且利用人際交往，把東突分子所能夠發展的對象控制住，最後把東突分子堵在國門之外。新疆建設兵團就需要一部分改制為反恐部隊，因為該部門不但瞭解網路資訊，而且還擅長瞭解人的資訊，該單位不能全部都變為獨立自主的商業集團。

這次在新疆出現的騷亂，就是以恐怖分子為核心的一幫人，從喀什、和田分別進入烏魯木齊，在烏魯木齊聚合後，晚上出擊。經過幾次和武警的較量後，晚上八點半才開始真正的殺戮。這與車臣恐怖分子在別斯蘭、莫斯科製造的恐怖事件的方法基本一致。就是以三四個人為一個基本單元，分期分批進入某一個城市，甚至槍支彈藥也隨工程車運進去，最後聚合再發動總攻、製造恐怖事件。這次是俄羅斯車臣恐怖分子的翻版做法。這方面俄羅斯反恐部隊有更多的對付手法，中俄在這方面需要真心交流。

在反恐問題上，中國與俄羅斯需要建立超越演習的全方位資訊合作關係，甚至要派專業人員到車臣和阿富汗學習和實踐，光在國內搞很難全面掌握最直接的情況。據大公網報導，7月14日，參加「和平使命－2009」中俄聯合反恐軍事演習的中俄雙方參演部隊人員和裝備，全部在演習地域集結完畢。這樣的聯合演習其實對於防堵新疆恐怖分子作用不大。

謹慎處理民族問題

對於民族問題，其中一個最大的原則，應該是少讓民族聚集區對外流動。因為中國正在處於崛起階段，中國內部很多地方出現的貧富不均、貪污腐敗等現象，可能漢族本身還能夠忍受，但這對於信奉古蘭經的或者藏傳佛教的少數民族來講，是絕對不允許的。儘管我們認為那是暫時現象，也需要宗教解釋，但現在沒有這樣人力與物力來做這項工作。

對於民族問題來講，共同富裕是不能夠解決問題的，共同富裕前，一定會有貧富差距過大問題，這是很多民族無法接受的事實。

用現代傳播手段維護穩定[19]

【大公短評】這次新疆騷亂的處理過程，中國的媒體管理單位反應非常快速，這樣使得美國和英國的主流報紙採用了來自新華社報導中的數位。參與這次騷亂的維族青年，很多是通過QQ和MSN進行召集的。對此，烏魯木齊需要按照反恐的標準來對付之。

　　7月8日晚，烏魯木齊市舉行「75」打砸搶燒嚴重暴力事件的新聞發佈會。新聞發佈會吸引了八十多家媒體參加，其中有近五十多家媒體為海外媒體，香港《大公報》作為境外媒體首先發言，關心事

---

[19] 本文發表於香港《大公報》，2009年7月10日。

件的變化情況。烏魯木齊市委書記栗智表示，7日發生了兩起打砸搶事件。可以說烏魯木齊政府已經控制了局勢，該市正常運轉，民族問題處於緩和期。

新疆事件並沒有成為《人民日報》的頭版新聞。

其他報紙均有詳細報導。

西方報導基本保持克制

對於這次新疆騷亂的處理過程，中國的媒體管理單位反應非常快速，這樣使得美國和英國的主流報紙主動或被動都採用了來自新華社報導中的數位。這主要是由於西方政治領導人已經認為「疆獨」是恐怖分子的一部分，在全球反恐的環境下，西方媒體無法以雙重標準來報導恐怖事件。

美國《華爾街日報》在報導中，基本引用來自新疆自治區黨委書記王樂泉的講話，並指出中國政府在資訊的回饋上非常迅速，基本沒有阻止資訊的正常流通，並且在外國記者一時無法到達的現場，中國政府還無償提供相關的資訊和錄影，使得外國記者的報導能夠正常進行。同樣，記者的報導也開始直接引用來自「世維會」對於事件的解釋，直接對比雙方的觀點。對此，新聞的可閱讀性提高，而且可以使美國和全世界的讀者直接面對這次新疆發生的事件。該報新聞還認為，中國官方此次快速公開消息，不斷更新傷亡數位，這種做法與1997年新疆發生騷亂時明顯不同。

美國《紐約時報》的新聞直接發自烏魯木齊，報導認為，儘管新疆出現通訊問題，但很快就恢復，而新的傳播手段在這次事件中起到關鍵破壞作用，事件現在仍然在持續發展。但報導還是引用中國政府的相關報導，表示事件已經被控制住。7月7日，《華盛頓郵報》有兩則消息報導新疆恐怖事件。報導偏重於把這次恐怖事件定性為族群間的衝突和員警的處理手段問題。美國三大報紙報導中，使用的照片普遍採用警民對峙狀況的照片，對於這些暴徒所造成的破壞基本沒有相關的畫面，這使得讀者無法感覺到新疆發生的是一

般抗議,還是恐怖事件。對此香港的鳳凰網、新加坡的聯合早報網則有相關的照片展示,包括一名婦女直接被暴徒打死於街頭。在未來的宣傳中,西方媒體不但需要在新聞報導內容中注意平衡的問題,而且在照片使用中的定性同樣重要。

英國《金融時報》有五篇報導是關於新疆的暴力事件的。報導表示現在新疆已經施行12小時的宵禁,此事件對於新疆的能源中轉和運輸樞紐的地位沒有太多的負面影響,認為這次事件是新疆的麻煩,在未來的事件處理中,採取的方式會好於西藏事件的處理方式。

西方媒體很多都點出這次事件儘管和韶關的玩具廠死亡的維族青年有關係,但主要原因是錯誤資訊的廣泛傳播造成的結果。這些錯誤資訊通過FACEBOOK、MSN、TWITTER、YOUTUBE、QQ等方式傳播,而新疆官員對於新傳播模式不熟悉。西方媒體發現很多烏魯木齊的上街暴徒都是從別的城市過來,對於這樣大規模集結,新疆的官員不敏感才造成事件發展的意外性。

要尊重專業媒體人

對於這次的騷亂事件,中國有兩個問題需要面對。首先是對於韶關玩具廠事件的第一時間報導和事後的處理過程存在問題。就是說當事件發生時,兩名維族青年的死亡是否是社會事件,一定需要在第一時間說清楚講明白,而且利用廣東媒體報導的快速性,把事件的真相向廣東和全國民眾說明。廣東省的官員必須對民族問題有敏銳的觸覺,不要好心辦錯事。維族的年輕人其實到一個新城市後,最大的問題是寂寞和對於城市貧富差距的強烈感受。

　　如果維族青年製造的事件是社會事件，那麼這些維族青年的行為不但是犯罪行為，還違反古蘭經的基本教義。當然在事件的處理過程中，廠方出現問題的話，應該迅速檢討。我們的媒體在報導中不但要檢討維族青年的行為，還要認真檢討廠方的錯誤。對此，廣東的媒體人是有共識的。對於廣東省政府來說，重視媒體人的專業化意見要成為未來政策諮詢的首選。

　　如《羊城晚報》、《廣州日報》、《南方日報》裡的媒體專業化意見就非常貼近事件的真相。當年，俄羅斯總統普京還處於弱勢的時候，他就集中和直接採用來自《消息報》和俄羅斯國家電視台總編輯的意見，甚至俄羅斯國立莫斯科大學新聞系系主任的辦公室就有和普京進行專線聯繫的電話。對於這一點，國內的官員好像更希望保持神秘感。廣東省長必須建立和媒體總編直接電話或專線電話溝通管道。建立媒體人的專業溝通管道應成為首選。現在很多的資方與職工的對峙行為經常要政府來買單鎮壓，對於這一點，政府方面要檢討。平常官員與資方吃飯無所謂，但一定要秉公執法，對於這一點，俄羅斯官員倒做的不錯，就是吃了資方的飯和拿了錢後，照樣不幹事。

化解維族人誤解是首選

　　其次，對於烏魯木齊的騷亂，按照西方和中方的媒體報導，參與這次騷亂的維族青年很多是通過QQ和MSN進行召集的。對此，烏魯木齊需要按照反恐的標準來對付境內外的恐怖分子。新疆政府幾年間有八千人到基層的農村去，但問題在於按照現有行政系統，這些官員並不會扎根基層，升遷成為必然。新疆需要建立全職的反恐系統，新疆建設兵團並不需要完全改制，部分負責反恐將會成本

低效果好。筆者曾在莫斯科看到很多建設兵團的人，這些人的表現不像兵、不像官、不像商，非常複雜。

　　對於西藏問題，西南的官員要用宗教的圓融手段處理。西藏的官員必須要對藏傳佛教有所瞭解，否則無法與藏民對話。而對新疆的騷亂，則是要求新疆官員建立有效的反恐機制，並且對謠言建立人盯人的監督機制。謠言止於智者，化解維族人的誤解才是首選。

兩大障礙阻中俄結盟[20]

　　在中俄交往的幾十年中，雙方的外交關係經歷了一條曲折的道路。中國不瞭解俄羅斯政治制度的延續性和內部變化，俄羅斯對於中國的民族主義威力和捍衛民族利益的決心始終沒有認識清楚，這兩種因素是中俄無法再次結盟的最大障礙。

　　10月2日，俄羅斯駐華大使拉佐夫在俄新網上發表專文，俄羅斯與中國共慶建交六十周年。在中俄交往的幾十年中，雙方的外交

---

[20] 本文發表於香港《大公報》，2009年10月17日。

關係經歷了一條曲折的道路：從最初以相同意識形態為基礎的同盟，到後來的相互敵視甚至劍拔弩張，再到以一種新形式的關係框架為基礎的戰略夥伴關係和相互協作關係。拉佐夫認為國家間關係的非意識形態化是中俄關係發展的關鍵。這是俄羅斯知華派和遠東派的最大誤解。其中最主要的原因在於，中國不瞭解俄羅斯政治制度的延續性和內部變化，俄羅斯對於中國的民族主義威力和捍衛民族利益的決心始終沒有認識清楚。這兩種因素是中俄無法再次結盟的最大障礙。

存在先天誤解

中俄在結盟問題上存在著先天的誤解。這就是中國方面始終認為蘇聯和現在的俄羅斯聯邦始終存在修正主義和教條主義的問題，包括中國媒體經常嘲笑俄羅斯人買東西按秩序排隊，也是過於教條的表現，而蘇聯時期和現在的俄聯邦則始終認為中國是一個民族主義濃厚的國家。

現在看來修正主義貫穿了整個蘇聯領導人的統治時期，中國的政治精英和民眾則始終認為修正主義是赫魯雪夫的專利。其實蘇聯和俄羅斯的領導人對於國家統治方式的修正是非常快速的，但為了保證大方向修正後的穩定度，才會出現教條主義的問題。基本上蘇聯的教條主義主要是針對基層官僚而設定的，對於智庫和大學裡教授的管理基本上不用教條主義。比如莫斯科大學裡面主要還是沿襲沙俄時代的考試方式，直到俄羅斯聯邦時代沒有太大的變化，而且大學裡基本保證學生有三分之一是免費的，三分之一學費三百美元左右，三分之一學費由學校自己制定，可以很高。而且幾個教授聯合簽字就可以讓學生退學，當然還會留一兩次補考的機會。這樣，

經常在學習一兩年後，班級的學生就會有五分之一以上被退學，退學並不表示該學生的學習能力差，該學生還可以通過其他大學的入學考試，繼續學習。中國教授包括校長都不會擁有這樣的權力。

現在還是中國禁忌話題的新聞檢查制度，其實蘇聯每一任領導人都對此加以修正，直到戈巴契夫時代。由於對此制度不甚瞭解，導致媒體報導偏差，尤其對於公開化改革的報導，最後導致蘇聯民眾思想的混亂。

蘇聯的新聞檢查開始於沙皇俄羅斯時代。到了史達林時代，史達林發現列寧時期的新聞檢查操作出現問題，就是新聞檢查不但保護了政府同樣也保護了官僚主義。這樣加強報紙黨性成為史達林管理媒體的標誌，並且讓專業媒體人在分離主義和民族主義上有發揮空間。最後黨性原則、新聞檢查與專業媒體人形成三者互動關係。赫魯雪夫在解凍時期就是讓專業媒體人出頭，普京時期則是將黨性原則換為國家利益，新聞檢查則換為民主原則，但三者互動關係不變。

不能重蹈覆轍

蘇聯教條主義是領導人進行重大政治改革的保證，但這一點很難為外人所理解，尤其是向蘇聯學習的中國更是摸不到頭腦。比如五十年代當蘇聯教授進入中國大學裡給教授講課時，由於蘇聯教授進行的是俄語教學，幾乎很多的教授不懂俄語。當時中國方面找的俄語翻譯並不能夠非常準確、靈活翻譯出蘇聯教授們的授課精華，甚至有些話害怕翻譯出來，最後蘇聯教授基本只能夠照本宣科，授課也是了無新意。

自中蘇在六十年代進入論戰、對抗期後，當時蘇聯領導人赫魯雪夫和勃列日涅夫共同的問題就是蘇聯中央委員會裡沒有中國問題

專家。蘇聯官僚所傳達的思想經常出現偏差，甚至經常讓毛澤東誤解，這也直接連累到中國將帥在文革中的被處理方式。儘管蘇聯基層官員比較教條主義，但蘇聯高層領導人在很多的外交場合是可以亂講話的，赫魯雪夫甚至在聯合國大會上脫下鞋子投人，蘇聯國內也沒有人指責其粗魯。俄羅斯政府高層對於中國問題有一個清醒的認識和共識，中俄關係好到什麼樣的程度不是高層關心的重點，而中俄關係不能夠變壞則是最基本的保證，尤其不能夠重蹈之前六十年代的覆轍，否則兩國在軍事對峙下，俄羅斯的軍隊力量是不適合持久對抗的，而中國在民族主義的加持下，堅持的時間比較長。

在面對上海合作組織問題時，莫斯科國際關係學院東亞與上海合作組織研究中心主任亞歷山大・盧金就認為，阿富汗問題對中國來說十分重要，就像對俄羅斯一樣重要。俄羅斯與中國大部分的麻醉藥品都來自於阿富汗，中國的毒品主要是從阿富汗經由新疆流入境內的，這在俄羅斯和在中國都是對安全的直接威脅。因為伊斯蘭武裝力量根源於阿富汗，會破壞俄羅斯與中亞地區邊境的穩定局勢，當然也可能破壞中國的穩定，具體來說就是新疆地區。

相互理解對方

俄羅斯政府希望中國在中亞地區的擴張首先要處理好阿富汗問題。如果中國政府的思路變為與俄羅斯攜手處理阿富汗問題，在阿富汗抓捕新疆的恐怖分子的話，這樣兩國就比較容易合拍。問題在於阿富汗問題複雜，而且也抓不到幾個恐怖分子。如果在中亞國家發展關係的話，就比較容易達成目標，中國外交官的工作量也小。現在俄羅斯與美國在中亞地區聯手，俄羅斯要控制中亞，美國要軍事存在於中亞，此時中亞留給中國的空間並不大。如果中國能夠在

中亞、阿富汗多方出擊，外交、軍隊、安全單位全方位配合，也許中國能在中亞很好發展。

中俄要想再次結盟的話，就要相互理解對方，並且在不同思維下，處理與周邊國家和內部問題。這是中俄最大的考驗。中俄結盟與否，面臨的問題一樣。

俄導彈戰略獲得成功²¹

　　美國總統歐巴馬放棄在東歐部署導彈防禦系統。這次美國的退讓可以說是自葉爾欽、普京、梅德韋傑夫三任領導，經過二十年的努力，俄羅斯的導彈戰略取得暫時性勝利。

　　9月18日，英國《衛報》發表文章，認為美國總統歐巴馬放棄在東歐部署導彈防禦系統一舉兩得。首先美國在伊朗問題上拉攏俄羅斯，而且會孤立中國。9月16日，俄羅斯總統梅德韋傑夫在演講

---

²¹ 本文發表於香港《大公報》，2009年10月5日。

中暗示，俄羅斯可能支持美國對於伊朗採取更嚴厲制裁措施。9月21日，梅德韋傑夫在接受CNN採訪中提出導彈防禦體系是全球性的，應該覆蓋全球。同日，俄羅斯戰略導彈部隊前總參謀長維克托・葉欣補充說明，全球導彈防禦系統的建立首先允許中國參與資料收集中心的工作，並且未來法國、義大利、以色列和英國在機會均等的條件下，均可共同參與導彈防禦系統。這次美國的退讓可以說是自葉爾欽、普京、梅德韋傑夫三任領導，經過二十年的努力，俄羅斯的導彈戰略取得暫時性勝利的表現。

戰略發展曾遇挫折

俄羅斯在消滅大規模殺傷性核武器方面的談判，戈巴契夫時代就在進行，但當時蘇聯整體的策略出現問題，認為這樣的談判可以犧牲東歐的利益為前提，甚至為了拿到西方國家的貸款，在蘇聯本土大規模消滅核武器。這樣東歐國家首先就感到了惶恐，然後加盟共和國中的波羅的海旁的三個小國也出現分離主義運動。後來葉爾欽總結蘇聯解體的經驗時，與美國的消滅大規模殺傷性核武器方面談判的失敗，被列為蘇聯解體的重要原因之一。談判失敗使得東歐國家對於蘇聯的信心不足。

這時儘管俄羅斯已經不是超級強權國家，但在這場談判中共有兩個特點值得提出：首先，該談判貫穿整個俄羅斯聯邦時期，歷時十幾年三任總統。當時中國在美國方面的研究專家，就對俄羅斯這樣的行為嘲笑，認為冷戰結束後世界根本不會發生核戰爭，那麼俄羅斯為何還需要在核武談判上浪費時間，美國只是陪俄羅斯玩玩而已。現在美國的讓步證明這些人的愚蠢。其次，2000年前後核談判的目的和方法不同。2000年前葉爾欽在談判中做了一些讓步，主要

目的是為了能夠在世界銀行和其他西方國家爭取更多的貸款。如果俄羅斯在談判中不能夠達成目的，那麼，世界媒體就會出現提箱式核彈向伊朗或者伊拉克流散的新聞，這些新聞基本上是指世界武器黑市出現有人會出售提箱式核彈。此時，美國會非常緊張，這樣俄羅斯一樣能夠拿到低息貸款。2000年後，普京的思路是在核武談判上只有美國和俄羅斯夠資格，這是強權、強國的表現。但此時中國的親美戰略專家認為那是普京「自慰」的行動，他們認為普京不過是在回憶蘇聯強大的舊夢。普京周邊的智囊卻認為，堅持核武談判是俄羅斯對於美國戰略發展完全牽制的表現，因此談判可以退讓，但不能夠大幅倒退丟失俄羅斯的國家戰略安全利益。

既快又慢也有「打擊」

俄羅斯在普京時期主要有三個戰略。首先是對外談核不擴散問題；對內總體牽制周邊前蘇聯加盟共和國的發展，變為俄羅斯可以控制的發展；最後是調整中央與地方關係，讓地方按照中央的意思發展。

對烏克蘭就採用完全的經濟手段，經常給烏克蘭斷天然氣。對於中亞國家則採用懷柔的政策，甚至可以允許美國在中亞國家駐軍和存在軍事基地。因為俄羅斯的如意算盤是，如果美國進入中亞地區，大約只會注意兩個方面，首先是軍事基地對於阿富汗恐怖分子的震懾力，另外就是在中亞國家的能源運輸線路安全問題。因此，中國在中亞的經濟優勢將會無法完全展現，這樣中亞的格局就變成俄羅斯主導，美國關注，中國無法完全深入插手的局面。尤其是這次新疆發生的問題，如果中國在中亞角色獨一無二的話，中國可以透過中亞國家來逐步逮捕國際恐怖主義分子。

對於格魯吉亞問題，俄羅斯則採取完全的武力手段，這與美國對外手段基本一致，就是對於伊朗和伊拉克基本以武力手段為首選。普京發動第二次車臣戰爭及2008年發動的格魯吉亞戰爭的主要格局，就是對於格魯吉亞這樣的高加索地區，主要採用戰爭的手段。俄羅斯出兵格魯吉亞的理由，則是在地處格魯吉亞境內的、不承認格魯吉亞為主權國家、並且已經宣佈獨立的一個地區裡來捍衛持有俄羅斯護照的居民和合法的俄羅斯維和部隊士兵的安全。

葉爾欽時代的中央政府和地方的關係非常微妙。西方資本大量進入俄羅斯的能源產業，主要以資本融入的形式出現，另外在資本融入過程中西方銀行對於俄羅斯銀行業的控制，使得俄羅斯資本流通成為主要的問題。在俄羅斯的西方資本還流入俄羅斯股市，這變相控制了俄羅斯的整體資本市場。這樣在面對1998年的金融危機中，當西方的資本撤出俄羅斯後，俄羅斯完全沒有本土的資本來填補其中的空間。

中央地方關係微妙

普京經常強調對於聯邦憲法的遵守，其原因在於俄羅斯為總統制國家，儘管憲法賦予地方政府一定的權力，但這部憲法基本使中央政府處於有利的地位。普京在強化中央權威的同時，並沒有丟掉可行的民主形式，沒有恢復集權體制。普京時期中央與地方關係主要體現在財政控制和內務部門對於腐敗犯罪案件的查處上。另外對在地方周邊的前蘇聯國家的震懾也是採用的手段之一。

這次俄羅斯導彈戰略取得成功值得中國借鑒，中國應該學習如何制定跨越領導人任期的戰略，並以之為首選，甚至包括對於兩岸問題、南海問題的戰略發展。兩岸在促統的同時，發生台灣「獨

派」也開始積極表現立場，這其中涉及在接待高雄市長陳菊訪問大陸後，讓她看出大陸弱點。對台單位要追究行程設定人的責任。另外，如何在不發生衝突時，按照國際法逐漸在島礁上駐軍，需要在南海逐步站穩腳，也是中國面臨的戰略選擇。

中俄在危機處理中崛起[22]

　　俄羅斯與中國在危機處理過程中，逐步建立一套在國家整體戰略安全體系上的運作機制。由於中國和俄羅斯都是世界上國土面積最大的國家之一，且在危機處理過程中注重深度與廣度，使得中國和俄羅斯在國際上雙雙崛起。

　　當國家遇到重大危機時，國家自身內部的體制就變得非常重要。自美國經濟危機之後，俄總理普京就開始從內外同時整頓政府

[22] 本文發表於香港《大公報》，2009年9月17日。

的危機處理能力。而中國則在中央的宏觀調控下，逐漸利用國有資本的優勢，開始逐步細化國家對於資源、環境、社會問題的管理。由於中國和俄羅斯都是世界上國土面積最大的國家之一，在危機處理過程中的深度與廣度，使得中國和俄羅斯在國際上雙雙崛起。

俄羅斯《消息報》頭版報導中國崛起的道路。

俄羅斯重視地緣政治

俄羅斯危機處理的方式主要是以地緣政治的思維展開。然後圍繞兩個問題進行，首先是能源經濟的可持續發展問題，另外就是如何防止北約東擴。其中政府控制媒體是關鍵，讓媒體準確傳達來自政府的聲音，尤其是在俄羅斯處於危機階段。此時，普京控制媒體的方式，是將媒體背後的寡頭和媒體人區分開來，並且相互制衡。

現階段俄羅斯主要是在地緣政治的範圍內和西方國家進行較量。其中主要的原因在於，自蘇聯解體之後，美國所主導的西方民主

在俄羅斯聯邦的實驗範圍內全面失敗，在俄羅斯民眾心中，民主基本上已經不具有正面的意義。這樣俄羅斯民眾對於民主的迷思和嚮往的群眾基礎並不存在，地緣政治的對抗比較容易產生內部共識。對於這一點，中國大陸恰恰相反，中國大陸對於民主的迷思已經由1989年的全面政治改革的嚮往，轉變成為對於行政效率和經濟成果分配以及相關的社會、環境等問題的追究，這樣中國民眾凝聚民族主義共識，體諒國家發展的難處。兩國與西方國家對抗方式不同，但異曲同工。

自1996年葉爾欽獲得總統連任之後，在整頓寡頭的過程中，尤其是在1998年俄羅斯發生金融危機之後，前總統葉爾欽基本確認俄羅斯發展的方向是反對北約東擴和聯合前獨聯體國家。反對北約東擴的方法就是擴大歐安會的功能。對此1998年，葉爾欽在出席歐安會的年度會議中曾經提出自己的構想。

俄羅斯在2008年8月8日毫不猶豫地對格魯吉亞實行了反擊，當時俄羅斯承受了來自西方的壓力，但當美國進一步陷入嚴重經濟危機後，俄羅斯在國際地緣政治戰略上取得了前所未有的地位。俄羅斯不但團結了獨聯體國家，而且還動搖了歐盟的戰略思維，歐盟未來可能傾向於更加自主的外交決策模式，北約東擴的進程被有效遏制，有俄羅斯參加的歐洲安全與合作會議又被重視。

兩國實行有限度民主

對於能源經濟的發展，普京主要採取控制能源和金融寡頭將資產向外轉移的方式，並且從商品的流通領域下手，在沒有引進資本和新工廠開工的前提下，找到稅源。如果俄羅斯政府控制住流通領域，將會使俄羅斯人就業率大大提高，而且這些成效非常容易在政府的統計數字中看到。

俄羅斯和中國的崛起，基本上都吸收全球化的民主特點，俄羅斯和中國都實行有限度的民主。俄羅斯的表現在於保持選舉制度不變，但對於地方領導人選舉則持排斥態度，地方選舉僅僅局限在議會當中，並且俄羅斯總統還把國家分為七個大行政區，向每個區派出直接對總統負責的全權代表，負責在聯邦區內組織實施總統確定的內外政策，定期向總統報告聯邦區國家安全問題、社會經濟和政治局勢。

中國的危機問題常常存在於內部，主要表現為社會、宗教、環境等相關問題，國際問題並不是中國政府考慮的重點，但在2008年8月8日，舉辦奧運會之後，外部事務問題同樣也成為重點，這主要是為了保護中國自己的外匯存底，以及未來發展的能源供應問題。

中國的腐敗問題現在並不是侵佔錢財這樣簡單，而主要是對外不顧國家戰略與資源安全，對內把百姓的生命當兒戲，這樣即使是少數的官員犯案，但影響確實相當巨大。比如最近中國媒體所披露的陝西湖南兩地數千名兒童鉛中毒，這些農村周邊工廠但凡能夠在建廠初期注意選址的地方，就會讓事件避免。工廠領導人對於環境的漠視，政府單位的一兩個領導因為人際關係姑息縱容，才釀成大禍。

中國舉辦奧運會前後，在國際上遇到相當多的困難和危機，在危機處理過程中，中國逐漸學習和外界接觸的多元性，也就是說中國不再僅僅是和西方政府部門接觸，而且還學習和非政府部門、西方的反對派接觸。

中國推動大區域經濟

中國的危機處理主要分為兩個部分，第一個部分就是國內民眾對於經濟改革開放後的成果如何分配和普及福利的問題；另外，民

眾自發的維權行動也有逐漸變為社會運動的趨勢，對於這樣的社會運動，加以控制和引導是必要的。對外主要是理解非政府組織和西方政府議會的運作，由單一接觸變為多邊並存、恐怖平衡。

中國基本上實行的是沒有大行政區設置的大經濟區域發展，首先是西部開發，然後是振興東北老工業基地，最後是中部崛起。基本上東部地區的開發是屬於中央政府、地方政府、私營經濟和外商共同開發的結果，那麼在中國有了一定的經濟基礎之後，有中央政府投入資金，設立開發的方向，將中央的控制和國家的戰略安全相結合，達到整體的國家戰略發展目標。

在二十多年開發過程中，東部主要是沒有自己的能源，重工業發展也比較落後，這樣就為中央政府制定政策提供了先天的條件。現在俄羅斯與中國在危機處理過程中，逐步建成一套在國家整體戰略安全體系上的運作機制，並且開始國家的強大，只是這種機制還需要時間來完善。

俄羅斯處於黨政磨合期[23]

【大公評論】政黨的問題就在於有時為了長期執政，而變得自私。政府部門的問題在於部門利益過度保護，而忘記全局。總統只能夠解決俄羅斯的戰略佈局問題，但對於掌控細節變革的可能性非常低。現在俄羅斯進入黨政磨合期，俄羅斯黨政部門的優點和劣勢都會盡顯。

　　在中國商人因為灰色清關問題而被扣下二十多億的貨品後，據俄羅斯《報紙報》網站報導，在莫斯科南部的塞瓦斯托波爾商

---

[23] 本文發表於香港《大公報》，2009年8月8日。

住綜合體發現有大批中國走私貨。當地警方稱，這裡的情況與被關閉的切爾基佐夫斯基市場相似。這次俄羅斯對於中國商人的嚴厲行動，基本上是普京整頓內部官僚結構，渡過危機的練兵場。非常吊詭的是，這次沒有議員、官員、智庫成員出來為中國商人說話。中國商人的冤枉在於，自己可能只是犯了個小錯，結果卻被槍斃了。主要的原因在於中國商人對於俄羅斯政局變化非常不敏感。這次普京藉經濟危機在梅普體制上開始建立官僚結構，結構的核心應該還是普京。

普京已成政治核心

梅普的結合目的在於讓部分的官僚在經濟危機後還能享受到八年的經濟成果，並且開創未來。如果梅德韋傑夫配合度高的話，還應該會連任，換掉梅德韋傑夫，普京周邊並沒有更好的候選人出現。現在看來普京的算盤是再做一屆總理。俄羅斯總理和總統的權力在一定程度上取得平衡。在不改變憲法的前提下，普京利用行政、立法、安全部門的配合，俄羅斯已經悄然變為雙首長制。

全俄社會輿論研究中心2009年3月份的一項調查結果顯示，約47%的俄羅斯受訪者認為，在世界金融危機中，受影響最大的就是俄羅斯人。儘管較之2008年，俄羅斯人對生活滿意度有所下降，但還是達到了69%。另據莫斯科列瓦達中心的資料顯示，普京作為國家領導人，在民眾支持率方面，仍然保持了較高的態勢。

俄總統梅德韋傑夫在接受英國媒體採訪時也曾明確表示，暫時未決定是否參加下任總統選舉，因此，即使是在普京再次出任總理已經一年多的情況下，有關普京謀求提前重返克里姆林宮的消息，是西方媒體炒作的焦點問題之一。

在俄羅斯列瓦達中心的研究專家奧列格‧薩維列夫看來，梅德韋傑夫應當會幹滿這一任期。他認為，梅德韋傑夫提前離開克里姆林宮，對於俄民眾而言，仍然會是一件需要有所交代的事情。而俄政治技術中心第一副主任阿列克謝‧馬卡爾金更是公開表示，只有在危機持續時間超一年、且大多數居民徹底對政府失望並走上街頭的情況下，俄政權才可能會出現某種變化。

對於這一點，葉爾欽在1998年的經濟危機中就犯過相關錯誤。葉爾欽在1996年再次競選連任後，並不希望自己的權力被俄共分享，這使得葉爾欽的經濟政策都儘量向寡頭靠近，但問題是寡頭的願望是壯大自己的企業，而不是壯大俄羅斯的整體國家實力，而且寡頭在俄羅斯民眾心中並不佔有道德優勢，甚至被民眾認為是缺德的人群。換人並不能夠解決任何的問題。

俄希望內外雙崛起

對外，俄羅斯現在主要實行「新現實主義」外交政策模式。儘管俄羅斯的政策始終保持著新現實主義傳統，普京仍然堅持俄羅斯應以自己的方式融入西方國家共同體。伴隨國力恢復和經濟政治狀況臻於穩定，俄逐漸變成一個希望參加和修正國際體系的國家。俄認為西方始終延續冷戰思維，孤立、遏制俄。

俄外長拉夫羅夫認為，近八年西方出現了政策上的四大失敗，即政治失敗、策略失敗、認識失敗和文化失敗。這導致失去了將俄融入國際霸權體系的良機。隨著中國的崛起，俄羅斯未來的角色至關重要，俄羅斯被圍堵的局面將會有所改變，中國的壓力會變大。

對內，俄羅斯政府的經濟政策開始突顯出戰術性特點：政府開始向銀行體系大量注資，最終避免了1997年式的金融風暴在俄羅斯

再次發生；政府有計劃緩慢地讓盧布貶值，使俄國民眾和俄國公司減少了不少損失；而已經鋪開的俄軍改革計畫，則明顯出現了「向後推遲」、「俄軍開始力求自行解決資金問題」等特點。普京出任總理後兩個月內，他不僅讓擔任楚科奇州州長已達7年半之久的俄巨富阿布拉莫維奇離開了州長寶座，而且還公開、嚴屬地批評了俄執政黨最大贊助商梅切爾公司的銷售政策。顯然，主抓國內經濟的普京，對於理順俄羅斯的經濟秩序並開始推行其代表俄羅斯長期發展戰略的「普京計畫」，是抱有堅定信念的。

黨派色彩日漸濃厚

普京在總統任內儘管取得了豐碩的成果，但問題在於總統不能夠有任何的政黨色彩，使得俄羅斯政治變成普京一個人的遊戲。在蘇聯解體之後，俄羅斯民眾對於政黨基本都抱持負面評價。首先是蘇共的專制統治、政策失誤和人事制度的僵硬；其次，在國家問題上，戈巴契夫竟然為了自己的歷史定位，和葉爾欽共同把蘇聯搞解體，並解散了蘇共。蘇共基本上和民眾脫離關係，最後同樣被蘇聯民眾唾棄。

普京就任總理之後，迅速調整了和統一黨之間的關係。普京和統一黨的結合點在於，政黨和政府有著本質的區別，政府的任何執政官員都存在任職期限，但政黨卻需要長期執政。如果普京需要長期執政的話，就需要與統一黨結合。

政黨的問題就在於有時為了長期執政，而變得自私。政府部門的問題在於部門利益過度保護，而忘記全局。總統只能夠解決俄羅斯的戰略佈局問題，但對於掌控細節變革的可能性非常低。現在俄羅斯進入黨政磨合期，俄羅斯黨政部門的優點和劣勢都會盡顯。這非常值得台灣和中國大陸關注和借鑒。

What is aim
for International Communication[24]

In the book of International Political Communication: Control and
Effect author of Li Zhi want to explain from side of International Rela-
tionship. But in the view of International Relationship west government
and media's tie were cooperation and Soviet Union and Russian federa-
tion or People's Republic of China through media system of censorship
help government solve international issues.

As globalization bring affections in different area, International
communication or named Global communication are always explained
from side of Inter-cultural Communication or Cross-cultural Commu-
nication, but the book named International Political Communication :
Control and Effect wanted interpreting from side of media diplomacy or
public diplomacy and use material from Harold Lasswell, Bernard Co-
hen, Patrick O'Heffernan and Abbas Malek who was famous in side of
International Communication.

These materials in the book only extend the conception of media
control and effect after World War II, and the condition of globaliza-
tion had overcalled the conception of media control. But the fact was
west media existed media control or not? The answer was west gov-
ernments want to control media from different events which include

---

[24] 本文發表於香港中文大學《Journal of Chinese communication》2010年。

the first and second Persian Gulf War or 911 attack. But for the reason of extension in field of Geopolitics, every government wants to get the whole positive power between the countries. So the government could not satisfy other countries benefits. At this time media play the role of watchdog or forth .

As first term of US Bill Rights, Congress shall make no law respecting an establishment of religion, or prohibiting the free exercise thereof; or abridging the freedom of speech, or of the press; or the right of the people peaceably to assemble, and to petition the Government for a redress of grievances.

Even US government wants to control the media but these lack recourses of the law and constitution.

In the countries of Europe they still retained the public media that can affect the policy of the government even though their income depends on the tax from government policy.

During the cold war between US and Soviet Union, public diplomacy was becoming the part of national security strategy, and the basically war was through the media show the fact to the world.

In these parts US's style of Effects and Corporations help the world citizens knew what really happened in the significant events and accidents. These characters of dealing with the International Political news help west countries deal with geopolitical issues more slowly than political man expected. Even Soviet Union's media and government control the situation as soon as possible, but they always lost people's believing after wrong or unbroadcasting news.

If US government wants to control the media, they would report that the evens good for their side not depend on the fact. They will lose their face and audience trust in the fact of news reporting.

In this book point that the free media in the west existing the natural character was incorporation with governmental power. And media as watchdog and fourth estate always containment and object the government's policy, and in the process of conflict and compromise media help government postpone the whole events and accident time when the government find their shortcomings and benefits.

In the part of International Political Communication, cultural exchanging was essential elements cause that government want to set up communication at first and always abstracted by native policy.

This book attempt to explain that Public Diplomacy was supplementary form for traditional intergovernmental diplomacy. The real problem was all most of Chinese researchers don't believe that in US it was not exist censorship. US government through Bureaucracy system managed the media and was not control Media was partner of the government, because governments cannot solve everything that happened in the world events.

In 1965 Professor Edmund Gullion mentioned the word of public diplomacy, at that time US government Realize that political issues need more measures to solve.

Today if Chinese government want to carry on Public diplomacy or Chinese called civil diplomacy, that should set up powerful government or effective political structure and corporate with media in the special issues. But Chinese government bureaucrats always think media should be controlled firmly by officials.

與大赦國際對話人權

Wu Fei: For my experience, I just show my book and I think it's a become normal even was sensitive problem. I adopt some ideas from Taiwan professors. I just give their idea about Dalai lama. In Chinese words, Dalai lama was translated to a culture innervations , so do the job about debate Buddhism just like make a company，they do the job about debate Buddhism very popular everywhere. We don't know they built up three famous temples in India. There once one temple was about 520,000 marks. I don't remember the names of temples. AI was based on some human rights and political issues. AI always touch the political problem, so how to name the essential element of AI? AI was NGO or political organization or human rights organization? How to name it, defended it as AI? What's AI?

Roseamn Rife: It's non-government organization only focus on human rights. Actually we don't talk about political in any country at all. We only concern on human rights conditions around the globe.

Wu Fei: So even though the human rights, it＇s talk about the political prisoner, right? It's freedom for political prisoner?

Roseamn Rife: The common definition for political prisoner is somebody who's been in prison to for their political reason, we will turn them more like somebody who's sent in prison for their excessive rest freedom expression, in AI simply serves for them and doing any nonviolence manner, so we can release the war prisoners from nowhere.

Wu Fei: How about AI as an organization call free for prisoners in Guantanamo bay?

Roseamn Rife: Guantanamo bay is a prison where individual have not gone to a trial ,they were not been protected in quite of law, they were not been a lot of choice, either they should traditional turn in law, the law govens were fire, doesn't plan it instance either, because no war has been declared , so you got the situation where US is holding people outside US, even though it's a peace of land governmental by US. It's not possible for somebody within in. So every somebody people said Guantanamo bay should be closed. Because it is violating the international law now.

Wu Fei: Of course the prisoner was against international law, but these prisoners have the ability to make the violence. So US government want to hundreds percent guarantee in national security, seriously, I think it's correct even against the International law.

Roseamn Rife: I disagree. I think if the US government felt that these individuals were violating the law either the US law or International law, they should trial them in a quite of law, they should put them in judge give them case ,if they have not enough evidence prove these person in fact were terrorists as a lot of case claimed , and then certainly should be law with evidence and decide guilty or not guilty. If they guilty, they may should be capture in prison, but that's not possible happened here in Guantanamo.

Wu Fei: So another question was, they will close Guantanamo prison, but they were not make them free, they just put them in another island country in Europe. So it became a small and small, but stupid problem.

Roseamn Rife: Yes. It's still a problem if these people are guilty of breaking the law, they should be trail in prisons ,simply transfers one detention place to another is not solving the problem ,it would bring an another soaring problem.

Wu Fei: Is it possible to make the prisoner become the prisoner in small prison from Guantanamo bay. The small prisons are some parts in Europe ,some parts in island country, different parts ?

Roseamn Rife: I don't think that's. if they go else usually somewhere another prision in another country. So it's not alone

Wu Fei: But if they put them in the different places, so is it against international law or not?

Roseamn Rife: It depends on situations, how are they put prisoner to another country?

Wu Fei: For example, they will put some East Turkistan elements in the island country Palao.

Roseamn Rife: First of all, these individuals they are talking about setting to Palao have already been determined by the US government to be no longer dangerous, so they should already been return to their home country. In a number of cases over the years, people who been determined to no longer   dangerous have been sent back to their countries. I and United State very concern that some individuals when they return their countries risk other treatment. I can't give the exact examples, its several different kinds of countries. We are looking documents. The US government and Bush government decided several years ago. but Bush government said we are not returned them to China. Because they are risk treatment.The fact is these individual are not guilty in terrorism. But the Chinese government doesn't consider that in the case, if they return they would be in prison again and risk tough treatment. So we can't return them to China. So they will spent very long time coming in other countries, but they going there and there are free, they are not be capture in prison any longer.

Wu Fei: So I want to ask fourth of June events .AI make several prisoners free to US. AI tries the best to make these prisoners free to US. The aim of AI was good, but there are another problem. For the last ten years ago these people become spokespeople for the events. But the fact was their behavior was harmful for the events, they make the events different conception. So my problem is when they get free, they want to money, political position or else, how AI to solve it and face the situation?

Roseamn Rife: I don't think it's a problem. I mean ,people do were people do, somebody want to present their viewpoint or religion whatever, It doesn't mean any differently with rest humankind

.A lot of people have a lot of models with doing things they do, but they have the right to express themselves in any way they want. We can't do any thing about that. It's their right to say. We don't say it's a problem that people continue to speak out about different issues.

Wu Fei: Is that nobody said AI make the background man free?

Roseamn Rife: Anybody who was in prison for their expression, ideas, religion should be free. That's not the expectable reason for somebody. So we are of course appeal for every body that's in prisons only for human rights, human rights should be realized. So it's not a question that we are for right people or wrong people,we are for all the people.

Wu Fei: As your conception, for example, he was a background. his father is a famous military man ,his mother also. He just wrote an opening letter against Deng Xiaoping, so put him in prison. AI want make him free. He once said 'if I didn't write the opening letter, I will be deputy minister already' .How do you judge the situation , free the guy who has good background, but meantime other people were kept in prison for 20-30 years?

Roseamn Rife: The essential conception is that we serve the individual, just because human rights, if somebody was put in prison because of writing a book the government didn't like, no other reason ,they would be released. It's doesn't matter who their parents are, which political party they belong to, how old they are. None of that was the point. We were only interested in protesting these space people can exercise human rights, so it's free to express their religion and join groups. The human rights protect is the right of democrats.That's the point.

Wu Fei: For example ,every year in Hong Kong have meeting on fourth June. This year more than 150,000 people join the party ,but one third of people were young people. The problem is these young people have not touch the events, they have not any feeling about the movement, but they want to attend the movement. Did AI notice the situation?

Roseamn Rife: No, I disagree they have no idea about the events. Because they either knew about it or they felt they didn't know enough about it and go to learn more, so I disagree they have not any idea, I think acutely in Hong Kong it's much easier for young people who want to be following in the news. In Hong Kong go out and get information, they can look books and magazines and got information about events .It's freely and available. So I think it's actively something against the some situation they knows little about, sometimes from their parents or medias, they have strong feelings about it and recognized people who died in that event. Other ones may be don't enough information there. During the individuals, they have a lot of NGOs there. In the ceremony part of the programs. People talking about speeches and sangs. A lot of information were learned by individual in Hong Kong.

Wu Fei: Why they interested in these kinds of events? For my idea ,they know more about global situation than Hong Kong situation, even they just live in Hong Kong, so they want to show different

experiences, this meeting become the part of Hong Kong's cul-
ture. Is it correct?

Roseamn Rife: I think any society if people who are more interested in
their political government construct or democrats, you have to
do the voting rights. It's the voting rights. You can say it's very
different voting rights, but always somebody are not interested
in at all. That's clear and happens everywhere. But I think the
June fourth events were very striking to the people who live in
there or remember that, it's very difficult thing for people who
can consider that Chinese to deal with. It was very images and
emotional. They air poin that year people came out to street and
to show, because either so I disagree for deal with them and
thought the movement going on so big, but also because the
Hong Kong government speaking for Hong Kong people, a lot
of people disagreed much what they said. If they feel strongly
and go out to show up their view, so I think perhaps what's part
of Hong Kong culture is they feeling they should public go out
and express themselves. You can go on freely express support
for the individual, and I think it's a part of Hong Kong culture,
and some body gather publicly and express their point.

Wu Fei: So consider the meeting as a part of Hong Kong culture, but the
culture present what ,it is from England? The culture was not
belong to Hong Kong, but they give the memory?

Roseamn Rife: My points is a part of HK's culture is freedom expres-
sion, it's freely come out and gather, it's freely protests like
July first. That's all freedom.

Wu Fei: For example, the day after tomorrow, I hear some democrats this march also is a protest march.

Roseamn Rife: I don't see any one particular protest is simple culture, the idea you can go out and protest, the idea is that one way to show your opinion, that's the political culture.

Wu Fei: Can you compare the protest happened in every day with the march on the special day, because people only remember June fourth protest march.

Roseamn Rife: I see many protests all the time. In the mainland, people gather and gather to protest. So I think it may be the part of China's culture.

Wu Fei: It's sometimes happened .

Roseamn Rife: A lot of times.

Wu Fei: The different kind of gathering for their celebration , just like that day, no machine, no car were on the street, so it's very freedom. So can you call this kind of protest culture in Hong Kong.

Roseamn Rife: I think you could say that. There is many different cultures.

Wu Fei: But the day after tomorrow's show is the protest culture.

Roseamn Rife: Culture is a bigger thing. Culture is a part of society or else. I don't think you can say a protest is an example of culture. It's so global; I don't know how to define. People all around the world protest every day.

Wu Fei: In Taiwan, there are protests every day, but we can not hear their voice too much. They had not well influence, because there are not their noise, after the protest there is no changing, the government go on .Some party have call it meeting, we say should change it.

Roseamn Rife: Let's go back the problem, because huge number people came out on June fourth with change, what's the change?

Wu Fei: They will see the change, their want is just meeting, peaceful meeting. In Taiwan, no changing

Roseamn Rife: It's matter Taiwan government more than the people. The people have express they want to make the change, so they go out any way, but the government had not react.

Wu Fei: You're right. I think sometimes it is not a good meeting .these meetings were organized by someboay support Chen Shuibian. There are only hundred and thousand people want to free Chen Shuibian, and so this meeting was disturbed, no more the same meeting.

Roseamn Rife: Because any protest even small percent people express public opinion they concerned. I think it's very common for people around the globe. Sometimes they can change, sometimes not.

Wu Fei: In Taiwan, we seldom hear the voice of NGO, so why Ngo seldom show their ideas about Taiwan, even AI?

Roseamn Rife: We have one branch organization in Taiwan. We talk about problems about Taiwan. They have voice within our organization, we have a rule that don't talk about the country where based in, so AI Hong Kong does not talk about Hong Kong, AI Taiwan does not talk about Taiwan, AI France does not talk about Francc. They talk about other countries for safety reason. But we also because sometimes political reasons, if they don't accept sometimes, we do everybody and everywhere. So AI Taiwan, you can talk about refugee issues, you can also talk about government If they do talk about Taiwan. you can also. US government to sigh the convention .so you can do that. But AI Taiwan can't work on any problem on Taiwan.

Wu Fei: I saw that. The day after tomorrow AI Hong Kong also gathering people, are they safety in Hong Kong for do that?

Roseamn Rife: It is safety in Hong Kong to gather everybody. But I think AI Hong Kong came out to talk about is free and special , try to follow the law or international convention, so they talk about that what they usually don't do, usually they would not talk about political prisoner conscious in China .

Wu Fei: You just said there are four thousand members in Hong Kong. For example, if you call ten thousand people is a big number. We can consider 200,000 as a huge number. If Hong Kong government know that you can gather so huge number, Do they consider NGO harmful for government. Because they still did not custom for the people on the street, they though it's not good.

Roseamn Rife: No, I believe Hong Kong government considers it as normal. And everybody is right to protest on the street if they want to. Now any traffic engineer or police man has to deal with. We register in police station where you walk, how many people join and when. So you have to register, we are going to walk from A to B, so everything goes peacefully.

Wu Fei: In China, NGO were consider foreign power infulenced Hongkong.

Roseamn Rife: So you mean that Hongkong chinese people don't have any thought anout that. I think so too .

Wu Fei: How do you think that ? In our book, we often were educated that we are worst because of foreign power from Qing dynasty hundreds years ago. So they think everything touched with foreign power is wrong. So how do you judge the kind of ideology?

Roseamn Rife: This is about history. We only concern the reality human rights, I think.

Wu Fei: For example, we said that Iran people were influenced by BBC or US, like some democratic.

Roseamn Rife: They can say that if they like, but I think everybody in Iran was inflected by many things ,you can see the exact same thing in US , people influence each other .

Wu Fei: So you think that Chinese government should make it easier, every year there are huge numbers of protests on street.

Roseamn Rife: I think protesting is a normal thing. Any government has the right to make sure protest nonviolent, If the protest is peaceful and it's not blocking traffic. So I think the Chinese government should realize it's not a problem, but don't forget, I think June fourth is different issue, because the target is to protest the Chinese government. they want to know what happened in 1989 and who was killed. There should be more open about the event's facts, so I can say what Hong Kong government is freed to the protest.

Wu Fei: All the idea of AI focus on human rights, no interests in political changing.

Roseamn Rife: I think a lot of NGO are the same, NGO sometimes just to provide food to people. I think any NGO's basic in our case, that's very clear.

Wu Fei: Because of Xinhua news agency interested in the money support by the CIA for NGO. I told them they interview with me. It's a big huge NGO for 30-40 years old, if smaller may be OK.

Roseamn Rife: It's not possible for any government to create and found an NGO. Because NGO stands for non governmental organization. So any organization control by government can not be really NGO.

Wu Fei: Mark told me that in China seldom exist real NGO.

Roseamn Rife: It's very hard in China Because of the lost of civil society. In the host of government, a lot of NGOs situations. So you see that .but a lot of NGO in china because of the system. So they really are basic NGO, but I think that's the government agency. Because a lot of treaties belong to the countries. So the government have the right. at the same time, but the problem was the NGO. they were all China civil society too bad .

Wu Fei: I think that AI only focus on human rights issues, there is no nothing can disturb you .I think they can't hundred percent focus on people. Because there is no Chinese human rights NGO. You can solve one or two, even more and more. But people expect. they don't know. I write some articles in Taiwan, I feel it's very free.

Roseamn Rife:I think too. But it's not realistic.

達賴喇嘛確認繼承者境外轉世
和執政委員會七人小組將成立

　　在達賴喇嘛與中國大陸的談判陷入僵局之後，美國則把達賴喇嘛的問題轉向完全的意識形態化，並且對於藏青會的支持轉弱，並認為藏青會的主張並不有利於流亡的行政部門在執行達賴喇嘛政策的方向，5月和6月達賴喇嘛相繼訪問美國和日本，基本上是將達賴喇嘛的問題轉向完全的意識形態的方向，使得在中美問題中增加一個非常不容易被忽視的不確定因素。在5月的訪美過程中，達賴喇嘛並不會對於繼承人問題向美國和日本的藏傳佛教徒解釋，利用現有的流亡藏人的《法規》可以解釋未來達賴喇嘛繼承者的合法性及行政部門的穩定性。

　　8月流亡藏人的大會的決議成果對於流亡的行政部門並不會產生太大的影響，只要流亡藏人的大會的決議和達賴喇嘛的主要意識沒有太大的區別的話，流亡藏人大會並不會變為常設機構。

　　中國大陸與達賴喇嘛問題的核心應該是宗教問題。1949年後，中國大陸所確認的政權基本上政教合一的政權，此時，中國大陸通過馬列主義消滅了自由宗教存在的空間，但問題在於馬列主義難以解決人民的日常生活中遇到的難題，比如思想上的困境等等，一般來講中國大陸民眾一般回歸的是中國儒家思想，但作為任何國家常態的宗教基本上在中國大陸沒有任何角色，這樣為達賴喇嘛主導下的藏傳佛教留下了存在的空間。

　　達賴喇嘛主導下的藏傳佛教基本上人員、資金都非常充裕，這樣美國支援達賴喇嘛可以達到成本小、效果大的局面。

根據流亡藏人《法規》第三十一條規定，執政委員會：

1. 甲：發生達賴喇嘛不承擔國家和政府工作職責之時。乙：為國家和人民的最大利益，經西藏人民議會議員四分之三以上通過並與最高法院協商後做出達賴喇嘛之職權非由執政委員會執行不可之決定時，需要設執政委員會領導政府。

2. 發生此類情況時，內閣和議會共同依法通過秘密投票方式選舉產生三位執政官；執政官的候選人根據憲章第二十一條第二款的規定，任何具備內閣大臣候選條件相同之西藏公民均可參加。

3. 內閣大臣或議會議員，政府官員等不論何人當選為執政官後，應放棄原有的職權。

4. 當選的執政官員們在未行使職權之前，要在最高法院首席大法官面前依法做出宣盡職盡責，保守秘密的宣誓或承諾。

按照第三十二條規定，執政委員會首席執政官：

1. 執政委員會之首席執政官由議會和內閣共同選舉產生，以得票最多者擔任之。但是仍由全體執政官集體負責。

2. 根據本憲章各條款規定，在任職期滿前發生變更者除外，首席執政官的任期為一年。但再次當選者可連任。

按照第三十三條，執政委員會職權：

1. 行使本憲章第19條所規定的除6、7款以外的全部職權。

2. 根據19條第6款的規定，議會發生變更或停止行使職權時，與首席內閣大臣和內閣商議後，經內閣大臣三分之二以上通過，可以利用全民公投並根據公投結果實施之。

3. 根據本憲章19條第7款規定，如果需要變更內閣或某個內閣大臣時，與議會議長和副會長協商後，經議會與會議員三分之二以上通過即可。

4.一旦達賴喇嘛適宜接任國家元首和政府首腦之職責時，經執政委員會或任何執政官、內閣或任何內閣大臣、議會或任何議員向議會提案並通過將職權奉還達賴喇嘛之決議的同時將職權奉上。執政委員會亦隨即撤銷。

5.執政委員會職責遵循依法製定的有關規定。

第三十四條，執政官的任免：

1.任何執政官去世或無法行使職權時，依法由內閣和議會共同補選。

2.議會與內閣協商後，經議會全體議員三分之二以上通過可變更某個或全部三名執政官。

3.需要變更任何執政官時，除非議會舉行例會，否則，議會常委經與內閣協商後可以停止任何執政官行使職權。有關的變更在下一次的例會中，由議會常委和內閣要共同向議會做出說明，並經議會三分之二通過即可成立。同時在當時的例會中根　據憲章第31條的有關規定補選接任的新執政官。

4.需要變更三名或全部三名執政官時，除非議會處於例會期間，否則，由議會常委會和內閣協商後，緊急召開臨時會議並提出變更執政官的提案，經議會三分之二通過後變更之。但在未做最後決定之前，應給予三名執政官或任何執政官進行辯護說明的機會。變更後，應隨即在當時的會議上根據本憲章第31條的規定選出新的接任者。

第三十五條，執政官之任期與待遇：

1.將權奉還給達賴喇嘛或依憲章第33條進行變更者除外。執政委員會的任期為三年。

2.個別執政官發生變更後，繼任者的任期為前任所余任期，三名執政官同時發生變更時，新的執政委員會任期為三年。

3. 個別執政官進行變更時必須立即停止行施職權。如果三名執政官同時發生變更,則在下任執政官宣誓接任之前,仍由原執政委員會行使職權。但在此期間,除維持日常工作而外,不得做出與政策有關的新決定。

4. 執政官的工資和附加工資(出差費)以及其他待遇依照人民議會通過的有關規定在任期內得享受之。

【附錄一】

大赦國際大事記

1961

　　英國律師彼得‧本南森（Peter Benenson）在《觀察家報》發表重要文章〈被遺忘的囚犯〉，從而在全世界開始一場名為「1961呼籲特赦」的運動。促使他撰寫該文的原因是，兩名葡萄牙學生因舉杯喝酒慶祝自由而遭到監禁。他的呼籲文章被全世界其他報紙轉載，這成為國際特赦組織的起源。第一次國際會議在7月召開，代表來自比利時、英國、法國、德國、愛爾蘭、瑞士和美國。他們決定發動「一場捍衛言論和宗教自由的永久國際運動」。彼得‧本南森的律師事務所在倫敦米特芮法院，志願者在事務所中開設了一間小辦公室和圖書館。他們建立了「3名囚犯網路」，每個國際特赦組織分支團體通過其網路在地理和政治情況截然不同的地區中挑選3名囚犯作為支援對象，從而強調其工作的公正性。 12月10日的人權日，國際特赦組織在倫敦的聖馬丁教堂點燃了第一支象徵國際特赦組織的蠟燭。

1962

　　國際特赦組織在1月進行第一次調查之旅。這次加納之行後，成員又在2月前往捷克斯洛伐克援助良心犯貝蘭主教（Archbishop Josef Beran），隨後又去了葡萄牙和東德。良心犯基金會成立，來援助犯人及他們的家屬。國際特赦組織發表了首份年度

報告，內容包括在7個國家中70個分支團體所支援的210名囚犯的情況；良心犯圖書館還記錄了1200個案件情況。比利時召開的一次會議決定成立一個永久性的組織，名為國際特赦組織。一名觀察員出席了對曼德拉的審判。

1965

國際特赦組織發表了首份報告，內容關於葡萄牙、南非和羅馬尼亞的監獄情況。國際特赦組織還在聯合國提出決議，要求暫停並最終取消和平時期政治罪行的死刑。國際特赦組織開始進行每月向囚犯寄明信片的活動。

1966

艾瑞克‧貝克（Eric Baker）接手主持國際特赦組織的工作。

1973

國際特赦組織發佈首份「緊急行動呼籲」全文，聲援巴西的羅西‧巴西利奧‧羅西教授（Luiz Basilio Rossi），他因政治原因被捕。他認為國際特赦組織的呼籲起了關鍵作用：我知道公眾注意到我的案件，我知道他們不再能殺害我。對我的壓力降低了，條件也改善了。智利的新政權同意，讓國際特赦組織的一個3人小組就有關大規模侵犯人權的指控進行實地調查。 聯合國一致通過國際特赦組織宣導的決議，正式譴責酷刑。

1974

諾貝爾和平獎授予國際特赦組織的國際行政委員會主席肖恩‧麥克布賴德（Sean McBride），以表彰他對人權所作的畢生貢獻。

在智利軍事政變1周年之際，國際特赦組織發表報告，揭露了皮諾切特軍政權統治下發生的政治鎮壓、處決和酷刑。

1977

國際特赦組織因「為爭取自由和正義，從而也為爭取世界和平做出了貢獻」而獲得諾貝爾和平獎。

1978

國際特赦組織因「在人權領域的傑出貢獻」而獲得聯合國人權獎。

1980

瑞典的湯瑪斯·哈馬爾貝格（Thomas Hammarberg）接任恩納爾斯成為秘書長。

1986

國際特赦組織美國分會舉辦了「希望的陰謀」」（Conspiracy of Hope）搖滾音樂會巡演，演出者包括U2樂隊、斯汀（Sting）、彼得·加布里爾（Peter Gabriel）、布萊恩·亞當斯（Bryan Adams）、婁·里德（Lou Reed）、奈維爾兄弟（Neville Brothers）和其他樂人。

1987

國際特赦組織發表報告，稱美國的死刑具有種族偏向性和任意性，並違反了《公民權利和政治權利國際公約》第二任擇議定書等條約。

1988

「現在就要人權！」音樂會在15個國家的19個城市巡演，演出者包括史汀（Sting）和布魯斯・斯普林斯汀（Bruce Spring-steen）。數百萬人在人權日觀看了音樂會轉播。巡演後國際特赦組織在許多國家的成員數量激增。

1989

國際特赦組織發佈一份關於死刑的重要研究報告《當國家殺人時》。

1990

成員數量增加到150國家中的70萬人，並在70個國家中有6000多個志願團體。

1992

成員數量超過100萬。皮埃爾・薩內被任命為國際特赦組織秘書長。聯合國通過《保護所有人免遭強迫失蹤的宣言》。

1996

國際特赦組織開展運動要求成立永久性的國際刑事法院。

1998

《國際刑事法院羅馬規約》在1998年7月頒佈。為紀念《世界人權宣言》頒佈50周年，國際特赦組織開展「起來簽名」的運動，徵集了1300萬份聲援誓言。在人權日，一場音樂會在巴黎舉行，

演出者有「電台司令」樂隊（Radiohead）、「亞洲音效轉錄機構」樂隊（Asian Dub Foundation）、布魯斯‧斯普林斯汀（Bruce Springsteen）、特雷西‧查普曼（Tracy Chapman）、艾拉妮‧莫莉塞特（Alanis Morissette）、尤蘇‧安多爾（Youssou N'Dour）和彼得‧加布里爾（Peter Gabriel），達賴喇嘛和其他國際人權活動人士也特邀出席

1999

《聯合國人權捍衛者宣言》在1999年3月頒佈。國際委員會會議同意將國際特赦組織的工作範疇增加，這包括：經濟關係對人權的影響；幫助發揮人權捍衛者的潛力；針對逍遙法外的現象開展運動；增加保護難民的工作；增強基層的活動。頒佈《消除對婦女一切形式歧視公約》的任擇議定書，這意味著消除對婦女歧視委員會可以接收和處理來自個人和團體的投訴。

2001

愛琳‧漢被任命為國際特赦組織秘書長。國際特赦組織在成立40周年之際修改章程，使其使命包括了爭取經濟、社會和文化權利的內容，這樣令國際特赦組織致力於宣導《世界人權宣言》中列載人權的普世性和不可分割性。國際特赦組織的「終止酷刑」網站贏得了「革命獎」，該獎項表彰數位化行銷的佼佼者。

2002

有關兒童被捲入武裝衝突問題的《兒童權利公約》任擇議定書被頒佈。（《兒童權利公約》是在1959年頒佈）《羅馬規約》獲得第60份批准書，使國際刑事法院從2002年7月1日起生效。國際特赦

組織在俄羅斯聯邦發起運動,針對在不受懲罰的環境中發生的侵犯人權行為。

2003

國際特赦組織、樂施會和小型武器國際行動網路(IANSA)在全球發起「管制武器」運動。

2004

國際特赦組織發起「停止暴力侵害婦女」的運動。

2005

國際特赦組織發起「發聲吧!」運動,以音樂、慶祝活動和行動來支援國際特赦組織的工作。大野洋子(Yoko Ono)把《想像》這首歌的錄製權和約翰・列儂(John Lennon)的個人歌曲集全冊作為禮物送給國際特赦組織。國際特赦組織發佈《殘忍、不人道、還有有辱我們人格的──終止「反恐戰爭」中的酷刑和虐待》。其報告挑戰一些政府聲稱在面對恐怖威脅時,不必受之前同意的人權標準約束的說法。

2006

國際特赦組織發佈報告《犯罪同謀:歐洲在美國引渡活動中的角色》,詳細記述了歐洲政府參與美國不經正當程式用航班秘密抓捕和監禁恐怖嫌疑犯。第100萬個人在「管制武器的100萬張臉」請願網站上張貼了自己的照片,並把請願書交給了聯合國秘書長安南。該網站要求世界制定武器貿易條約;至年底又有近25萬人在請願書上簽名。國際特赦組織及其在「管制武器」運動中的夥伴取得

重大勝利，聯合國以壓倒性多數投票決定開始制定該條約。聯合國頒佈《保護所有人免遭強迫失蹤國際公約》。

2007

國際特赦組織發起全球請願，要求蘇丹政府保護達爾富爾地區的平民，並推出一張名為《發聲吧：拯救達爾富爾運動》的光碟來動員支持，光碟收錄了30名世界級樂人的作品。聯合國大會頒佈《原住民權利宣言》。在國際特赦組織及其「世界反對死刑聯盟」的夥伴積極展開活動之後，聯合國大會第三委員會第62屆會議通過了L29號決議，呼籲全球暫停執行死刑。目前我們在150多個國家和地區擁有220多萬成員、支持者和訂戶。

【附錄二】

專訪西藏流亡政府駐台代表達瓦才仁

筆者以下簡稱「筆」；達瓦才仁以下簡稱「達」。

筆：為什麼大陸在談判後得出的結論，就是沒有西藏問題，只有達賴喇嘛問題？

達：你要看對達賴喇嘛怎麼定義，中共一般都很會玩文字的概念或者說是遊戲。比如世界都提民主，他們就提民主集中制，世界都提自由，他們就提自由，以前提社會主義，現在社會主義都不行，他們就提中國特色的社會主義，但是對於中國特色的社會主義沒有任何版本的解釋。今天需要槍斃人，這就是中國特色，明天需要放人了這就是中國特色，什麼都往上套。所以沒有任何版本的解釋，就像是西藏問題他們也沒有任何版本的解釋，任何與西藏有關的他們都說這是西藏問題，包括藏人對自己的民主抒發感情或者是有點民主意識的就是西藏問題，宗教信仰也是西藏問題，所以西藏和達賴問題是什麼問題你不清楚。如果你把達賴喇嘛問題定義為達賴喇嘛個人的前途啊，但是如果達賴喇嘛當上了人大常委會副委員長什麼的那麼絕對沒有這麼回事了。當然達賴喇嘛不會去當也看不上那個人大副委員長的職務。在中國沒有任何東西可以換取達賴喇嘛動心的職務或者地位。達賴喇嘛的閱歷已經很豐富了，在中國沒有任何可以吸引他的。

但是你把達賴喇嘛的問題定義成為與達賴喇嘛有關的所有問題包括西藏的政治制度，包括流亡藏人等你把這些問題都歸納于達賴喇嘛問題的話那就沒錯了，所以中國不願接受西藏問題這個概念，但是達賴喇嘛是個可以接受的概念。比如中共和達賴的談判，去的都是流亡政府的官員，但是中共是不承認的，他們把這些人稱為達賴喇嘛代表。但是每次談判從來沒有一句話是談到達賴喇嘛的前途問題的。之所以不公開是擔心影響過大，對大家都不好，但是大家都知道未來有一天要公開。所有的談判談的都是西藏問題，但是中共的招待會一開就說根本沒有什麼西藏問題，只有達賴喇嘛問題。但是西藏流亡政府的代表說的是沒有達賴喇嘛問題，只有西藏問題。但是其實大家談的都是一個問題，只是這些問題的解釋方式的差別。很多人說達賴喇嘛是解決西藏問題的鑰匙，如果達賴喇嘛在世時這些問題解決了，那麼這些問題就是合法率，信用度最高的一種解決方式。所以從這樣的角度講，可以理解為這是達賴喇嘛問題。

筆：但是現在大陸是不是傾向於目前達賴喇嘛在世這是一個很難解決的問題？

達：有人這麼說，但是我不認為這是他們真實的想法，他們認為不能解決。但是這並不意味著達賴喇嘛在世時這些問題不能解決，只是他們不知道怎麼解決。他們能做的就是胡蘿蔔加大棒，除此之外，束手無策，如果外界問的話他們都是假裝胸有成竹的樣子，都是把事情往後推，在自己的任內不解決這些問題。

筆：那是不是就導致了現在他們特別關係達賴喇嘛的繼承人問題？

達：也許是吧，主要他們不知道怎樣處理這些問題，繼承人的問題面還比較小，在這個問題他們似乎還可以有所作為，西藏

那麼大，幾十萬軍隊都派進去了，每個縣都有一個團或者一個營在那裡駐紮著，幾乎是一種軍事佔領狀態。現在張慶黎自己已經不罵人了，主要是上面不允許他罵人了。

筆：以前海外媒體包括香港媒體對於西藏問題不理解的居多，但是現在感覺有一些變化，是不是對達賴喇嘛比較和善？

達：是比較接近於事情原貌了，以前的報導比較傾向於兩級，或者是完全傾向於中共，或者是傾向於西藏流亡政府。大部分媒體也不關心這個問題，世界都是支持西藏的和支持中國的在交戰，支援西藏的一般弱者都會被同情的。但是現在因為事情大了，報導的面就既不是西藏一方的，也不是中共一方的，大家都去瞭解，表達出來就接近於真實了，這個真實就是藏人對達賴喇嘛的信仰和對中共的不滿。08年的時候，大批的軍隊進入西藏，他們就是開著軍車，拉著大炮在街上晃，就是在威懾藏人的。

筆：為什麼一定要用對立解決這些問題呢？

達：中國的安全部門還是非常有效率的，08年出這些事情都想不到反抗會遍佈整個西藏。本來以為中國軍隊想借此往印度調兵，但是不是的，是所有地方都有暴動，他們其實很清楚西藏狀況是什麼樣子？

筆：你是怎麼瞭解到縣裡面都軍隊。

達：這些都是從西藏內部通訊對外告知的。當時是沒有信號控制的，要是特別敏感的東西他們就跑到成都、西寧、北京傳出來，很多人因為洩露消息而被捕。大陸一個司法局的女幹部因為說很多人被殺，馬上就判了5年。手機當時是無法竊聽的，用手機打的還比較少，但是一般都是通過號碼查詢的。溫家寶說暴亂是達賴喇嘛策動的，但是一點實際的證據都沒

有。很多東西都是網上公開的資料，根本和暴亂本身是沒有任何關係的。

筆：那大陸只有派軍隊這一條路嗎？為什麼要每個縣都派人呢？

達：因為每個縣都發生了，一下子發生了500多起。這事普遍不滿造成的。

筆：為什麼經濟發展了，還會出現這樣的問題呢？

達：絕不是發展了就不出現這樣的問題。日本人以前在東北建設的絕對比中國在西藏建設的好幾百倍，但東北人不會認同日本人，因為日本人是為了那裡的資源，中共其實也一樣，鐵路沿線是沒有藏人的，只有稀薄的遊牧民，中共說的很清楚，是為了民族團結，就向日本人說的大東亞共榮，日本人可能感覺良好，但是當時中國人聽了心裡很不是滋味。其實這對於西藏也是一樣。當時西藏的燒店鋪，只有一兩家藏人店鋪被燒，其他都是漢人的店鋪。四五年前那幾條街其實都是藏人，經濟發展事實上是吸引了更多的漢人，其實這是中共的目的所在因為他們要稀釋藏人的社會結構，要「插鍥子，摻沙子。」他們認為這些藏人只可以忍受，你要是在貢嘎做飛機，街道兩旁都是一派藏人的房子，但是你會發現這些怎麼都是一個模子出來的，因為政府告訴藏人，只要搬到公路旁邊就給你3萬或者2萬，大家一聽搬家有錢賺當然都往那裡搬，大家都開店，但是沒有顧客，要回去但又不讓回，說是要退耕還林，退耕換草。這樣的話其實也方便管理，便於控制。當然共產黨有這個本事，比如某個地方發了水災，主要強調的是怎樣救災的小故事。其實這些事蹟很多都是假的。搞得都是戲劇性，三年發生的變成三天發生的。這裡要注意的是西藏和中國內地不一樣，你要是建立人民公社內地都是聽命，但是藏

人卻要反抗，覺著這是沒收了自己的財產，拿錢可以，但是也要看願不願意。藏人有信仰，你要是簽字反對達賴喇嘛就可以領退休金，但是很多老百姓都不簽字，有簽的卻是造假的或者是用一些假文件騙取簽字。以前四川省李唐縣（音名）有個藏人容嘉阿紮的，那天剛好是10月1號賽馬節，當天當地領導出席，他給領導獻了哈達之後說他要發言，說我們從來沒有說過我們反對達賴喇嘛回來，在坐的西藏人民都希望達賴喇嘛回來，那天有人騙我們讓我們簽字，那天騙人的有一個是喇嘛，他指著那個喇嘛說他不配坐在這裡。然後就喊口號。他們把他抓起來，賽馬會變成了抗議活動。這是05、06年的事情。因為這個事情容嘉阿紮被抓起來判了十年。但是在內地就不會這樣，只要給錢，簽字有什麼，但是在西藏不可能。中共從來沒有放棄把藏人變成漢人的想法。歷史上沒有民族的概念，這是近代的概念，歷史上內蒙古草原部族更迭很多，人們沒有民族的概念和對民族效忠的心態，只有部族。一代兩代就習慣了。中共以為這樣的融合的方式最近還是可以的。以前沒有民族主義思維，以前語言過去了就過去了，但是現在有了民族主義思想就不一樣了。這是工業革命後才開始的，以前只有帝國，國家不是我的。現在不是，國家是一個族群的，每個人就會有責任心，這種觀念過去是沒有。西藏以前是只有宗教，現在被中共弄成了現代民族主義，現在很多人打著西藏旗子跑到公安局就是這樣的，他們知道結果如何，也是要去做這些事情的。現在中共發藏人所有的事情都當作敵人了。

筆：現在藏青會說如果達賴喇嘛去世了他們要做一些動作。

達：這個他們做不起來，在海外的很少，藏青會只可以在國外，宣傳一種理念，我不認為他們會有實際的動作。

筆：現在中共對於西藏的問題很多，為何更關心繼承人的問題？

達：因為這是西藏精神領袖的問題。因為藏人很多都是遵循達賴喇嘛的態度。只要他是達賴喇嘛不管是誰都會聽的。很多人都很看輕西藏人的信仰，但是西藏人就是這種虔誠的信仰。很多人覺著達賴喇嘛的了諾貝爾獎很了不起，但是西藏人覺著是理所當然，沒有任何態度的，因為覺著本來就是這樣，要是達賴喇嘛沒有得那是西方人不識貨。達賴喇嘛登基時只有15歲，但是人們相信的是達賴喇嘛，是西藏的觀世音。所以1959年西藏人為羅布林卡的時候達賴喇嘛什麼也做不了，但是西藏人都覺著不是達賴喇嘛本身所作，是中共逼迫的。

筆：多維新聞網上說達賴喇嘛認為現在西藏人民過的不好，如果他感覺錯的話他願意道歉嗎？

達：這是鬥嘴，因為中共不敢將真實的西藏展示出來。

筆：西方有的評價說達賴喇嘛是政治和尚，你怎麼看待這種言論？

達：如果不帶感情色彩的話沒有錯，因為達賴喇嘛是政教合一的領袖，但是本質上是宗教領袖，政治從屬於宗教的

筆：那政教合一在達拉薩拉會不會有變化。

達：現在除了達賴喇嘛本身以外其他官員的管理以及法律制度都是世俗法，適是和現代的宗教法律是一樣的，西藏人說的政教結合，是用佛教觀念治理國家，非暴力，慈悲，樸素的治理理念，賦予宗教的意義。西藏人的環保其實就是基本的理念，認為萬物是有生靈的，比如不能對水污染，認為水裡面有神，如果污染了水就會給人帶來災難。砍樹只能砍枝葉，不能砍藤。

筆：在藏人大會會不會討論繼承人問題？

達：應該不會，但是以達賴喇嘛主導的。

筆：在制定繼承人的時候這個有方向感麼？

達：這個肯定是要有的，在各地都可能會有，但是不會在西藏
　　了，這個確定無疑。在西藏是假。因為達賴喇嘛已經說了，
　　如果他在境外去世，那麼他的轉世只會出現在境外，絕對不
　　會出生在境內，這句話已經確定了。

筆：那麼如果轉世的話肯定會很小，現在的轉世不能都像現在這
　　樣有這麼高的影響力。

達：對於西藏人來說其實都是一樣的，只是熱度的變化而已。但
　　是大陸也不會輕鬆很多，因為很多問題都沒有變。

筆：有說達賴喇嘛和班禪是互相指認的，

達：這個是不一定的。這屆達賴喇嘛其實也不是班禪指認的，而
　　是由熱振活佛指認的。所有的宗教領袖現在都在境外，法脈
　　都在外面，這樣的指認才會是沒有爭議的指認。班禪有時還
　　是回拉薩的，但是每次回去都是帶著攝影隊，命令所有的幹
　　部都必須帶孩子，藏裝去迎接，但是又是戒備森嚴。老百姓
　　其實沒有人去歡迎他。

筆：這種達賴喇嘛的指認其實對於媒體來說是一個很大的事情

達：但是媒體的參與對於事件本身的發展不會有很大的區別，媒
　　體這種起哄的方式引起人關心沒有實際意義，雖然會轟動一
　　時，但是便宜的是那些「名嘴」，理清一部分問題然後再次
　　掩埋一些問題。現在中共的答復其實一直在後退，現在中共
　　說一些封建農奴制啊什麼的以前還有人聽，但是現在基本都
　　沒有人聽了。漢人、國外都沒人聽了。因為這些東西讓人產
　　生了懷疑，以前覺著達賴喇嘛戀權會有這樣的理解，但是現
　　在的事實並不是這樣。

筆：如果達賴喇嘛轉世的話是不是從大陸的一任的領導人的壓力
　　會減輕很多

達：這個我不清楚中共是怎麼考慮的。

筆：那您覺的轉世的程序是不是還在正常的進行。

達：如果達賴喇嘛不在了，會建立一個5-7個人的執政委員會。

筆：那這個裡面會不會有「大寶法王」在裡面？

達：很多人都認為他會在。這是非常有可能，但是都是在猜而已。流亡政府的民主體系已經很成熟了，現在的教派，部落觀念都變化了，現在這一代都經歷了一樣的教育，現在那些地區教派觀念完全淡漠，他們都沒有去過西藏。雖然說他們對於藏傳佛教的信仰都在減弱，但是只是不會像上一代一樣當作生命的完全的依託。一個信仰的存在都是作為文化的基礎百分之三十就夠了。如果以前是人生百分之八九十，但是現在還是很高，其他的比例下降了就會有其他的填滿，比如民主，自由等，很多人現在認為自由民主就是西藏的一部分，不把這些當作外來東西來排斥。這些觀念已經形成。以前中共可以收買一兩個喇嘛，現在基本做不到，現在基本是一個現代民主的體系。而且藏傳佛教不像伊斯林一樣派別間勢不兩立，藏傳佛教所有的教派都說是一樣的，不會有有你沒有我的極端。派別還會正常運轉，但是不會因為派別而製造問題。只要有衝突那就不是派別的原因，至多指只會是不合作。

筆：達賴喇嘛的和諧已經三十年了，這種氣氛已經習慣了就不會出現了？

達：主要是不和諧因素不存在了，已經高度的同質化了，形成了共同的認同體系了。

筆：那麼未來會不會有將來的老法王挑戰達賴喇嘛的權威呢？

達：應該不會有，如果有的話那就是他做好了從西藏社會出去的打算。比如一個喇嘛來台灣傳法，但是這個喇嘛地位很低，

那麼他就會挑戰，他要收服人，在海外他會這樣做，但是在藏人面前是不會這樣做的。因為藏人很清楚他的地位如何。藏傳佛教是藏傳佛教，藏傳佛教下的民族也是與眾不同。在印度女人地位很低，但是在西藏不是。漢人死了要土葬，但是藏人要天葬，西藏還有獨特的藏醫，漢人的中醫藥有時在西藏沒用。

筆：為何毛澤東當時不知道達賴喇嘛走了

達：毛其實很關心達賴喇嘛的，但是當時是兩套政府，毛根本不知道他們內部的決定是什麼，直到達賴喇嘛走了很久毛才知道。後來達賴走了以後中央才說不讓班禪走掉。班禪曾經給達賴喇嘛寫過信要團結，但是這個時候已經晚了。其實現在不是中共不瞭解，而是太瞭解了，以至於不知道該怎麼辦了。人民解放軍解放西藏的時候一個西藏農奴的軍隊都建立不起來，建立起來的話那就出問題了。現在中央就是懷著非我族裔，其心必異，第二個就是要消滅藏民族，所以說在這個前提下很多政策都不會去開展的。中共沒有這種心胸、雅量。

筆：對於東段邊境的問題，達賴喇嘛怎麼看？

達：那是屬於印度的，是當時西藏當局劃出去的，1914年簽的。其實是不存在不平等條約，嘴上說不承認的，就是承認的，香港不也是租期到期了才收回來的。麥克馬洪線其實也是承認的。只是口頭上不能說罷了。所以在東段、西段是根本不會出問題的。西段現在是中國的，但是那裡是無人區，只有公路。戰爭必是有一方要打，中共目前對於這些土地不是想把它收回來，而是找不到名目給送出去。鄧小平說邊界好解決，互相「讓」一下就解決了。但是現在是印度不給面子，

印度想全要，但是這些土地中共找不到理由給收回來，只是找不到送出去的理由。

筆：達賴喇嘛為何去達旺這個地方？

達：這個地方現在的廟宇喇嘛還是達賴喇嘛指派的

筆：以後的流亡行政單位會不會實行政教的分離。

達：這個是要的，現在是政治壓宗教，政治以後是不能有世俗來管的，同樣宗教也不能插手政治的事物。

【附錄三】

專訪政治大學俄羅斯研究所王定士教授：俄羅斯經驗可供臺灣參考

筆者以下簡稱「筆」；王定士教授以下簡稱「王」。

筆：2007年美國經濟危機以後的俄羅斯，我覺得它的形態可能會發生一些轉變。俄羅斯和平基金會大約是在2007年6、7月份成立，11月開始運作。俄羅斯未來會有很多行為是跨部門的，比如說能源問題並不是一個部門所決定的。因為能源問題還包括能源售出後對方國家的感想。我上次講過俄羅斯的能源戰略很好，但是別人老是覺得它在價格方面、銷售方式上太霸道。我想它未來會消除或者減少這種方式。我的總結一個是跨部門，另一個是普京任總理以後和總統時期的區別。雖然總理的權力小一點，但是總理會更加靈活，靈活在總理可以有黨派色彩。在做總統的時候他只能通過政府，如總統辦公室，大約有一萬來人，包括正式的和非正式的員工，還有相關的基金會，不過基金會的角色很弱。

但是做總理的時候，他可以運用的多了兩個，一個是政黨（統一黨），另一個是基金會。總統不能過度參與基金會，而總理可以直接參與基金會。剛說到的俄羅斯和平基金會，它的主要操盤手是俄羅斯政治經濟基金會的一個主席。和平基金會主要在文化、技術方面運作，但是在某種程度上它又超越文化技術方面，又在外交、安全等方面運作。舉個例子來講，俄

羅斯和平基金會給俄羅斯駐中國使館和駐台灣代表處直接去函來命令和徵求，在台灣是副代表級的，在大陸是參贊級的。就是說基金會綜合了文化、安全、技術、外交等方面的措施。

我發現政黨和政府有天然的區別。政府是有任期的，到期就要走人，但是政黨要永續執政。我覺得這點和台灣很像，黨和基金會、總理或者總統之間有很有意思的現象。我認為普京在做跨部門的協調，這對台灣很有借鑒意義。但是台灣基金會可能不會有這麼大的權力。這個基金會由總統夫人來領導，也沒涉及到民主問題。俄羅斯和平基金會可以直達普京，下面可以命令或協調駐外使館，又與外交部有直接或間接的關係。我想如果台灣的基金會能這樣做變化就太大了。這樣的基金會在俄羅斯做的很自然，下面人沒什麼反映，外國也沒什麼意見。基金會每年大約有不到1億美元的錢，有捐贈的，也有基金會本身的。基金會依附的是文化，而今年是俄語年，和平基金會就加入進來，它一部分用中國的錢，一部分用俄羅斯的錢。我的問題是為什麼會產生這樣的基金會，而中國卻沒有？當政府沒辦法解決的時候，這種智囊、基金會卻可以參與進來，推動事態發展。在大陸，由於行政高度有效所以沒有遇到這樣的問題，台灣卻有類似的問題。

王：在台灣，天然氣、油價漲價的時候都會受到批評。最近一般消費性的能源又漲了一次，還受到批評了。當然在威權式的國家還是有人批評，只是批評沒有效，不會在票上顯示出來。但是在台灣基本上會反映出來，所以不能完全不理。國民黨也不會相當的理會，雖然選票會有影響。但是國民黨的組織和其他黨派相比非常嚴密，民進黨雖然可以罵一罵它，

而且國民黨資金雄厚，不可否認在台灣透過資源的注入，也就是買票，特別是國民黨買票就沒有辦法抓得到。

筆：這個可以直接寫嗎？你認為沒有關係啊？

王：可以，沒有關係。另外，民進黨的時候就算抓賄選，最終抓的是民進黨自己。負責抓賄選的是檢察系統，一般來講文官是中立的，換了政府以後，文官是不換的。也就是頭砍掉，但腦子還是藍色的，所以說有偏向。從民進黨要嚴格抓賄選，最後抓的是民進黨來說，國民黨做賄選是主要的。民進黨一是沒那麼多錢買，另外不敢做，因為賄選是違法的。但是抓到國民黨很難，即使抓到也會變沒事，證據不足。

筆：這種狀態下跟俄羅斯有什麼區別？我發現當別人說俄羅斯不友善的時候，他長期沒辦法改變？

王：跟俄羅斯還是不一樣。雖然台灣反對黨的聲音很薄弱，但是還是有聲音。但俄羅斯反對黨幾乎沒有聲音。

筆：我發現俄羅斯反對黨的聲音老百姓也不怎麼喜歡聽？

王：嗯，這與歷史背景和政治文化有關係，人們的期望不一樣。比如說，你被關在牢裡面，你會想像一周放出來一天就會很高興。但是等到真的把你放出來，你的期待就不一樣了。也就是說在俄羅斯的期待跟在台灣的不同，所以反映也不一樣。還有經濟發展的背景方面，俄羅斯窮怕了，被壓制太久了，他們對自由也有渴望，但是他們期望是理性一點就不錯了。就經濟生活來講，他們對某些經濟的成就覺得很了不起了，在台灣老百姓的期待就不一樣。在中國的歷史上，到某些階段某些行為並不認為是貪污。今天指責阿扁的「特別費」在老蔣時代就不是問題，現在就認為有問題。其實當官的都習以為常，知道那一部分是給主管自由運用的。既然是

　　自由運用那就沒有範圍了，只要不是拿去害人就可以了。現在變成開始用法律來規範，它要怎麼用、報賬。像公務費這樣的公務資源的使用在某些時候某些國家就是當然的，在某些國家就不是當然的。這就是俄羅斯與台灣的不一樣。

筆：是不是俄羅斯的老百姓認為民主並不能實現俄羅斯的快速復興，所以希望有一些威權的現象出現？

王：這在台灣也可以理解。在某些時候，人們會思考：民主是無往而不利嗎？其實有些時候是被政客把它誤導、混淆了。問題不是民主有壞處，而是假民主有壞處。因為很多東西不是真的民主，沒有實現真正的民主。

筆：這麼說民主是不是也分為極端的、中性的或偏左的？

王：政治學中有一個派別認為不要用現有的名詞，而是去直接定義你要的是什麼東西。比如我們講總統怎樣怎樣，那麼我們被限定在總統這個名詞上，可是我們真正講的是國家的領導人。再比如總理其實是權力的執行者，而不是宰相、總理、首相、主席，這樣叫就會有誤導，應該叫做政府政令的執行者。也就是說民主被叫習慣了，即使是威權，大家依然叫民主。所以我們要放棄「民主」這兩個字，跳開原來的用語使用新的辭彙。但是也不能很長，每次都用五六頁紙在那裡講了半天，才讓別人知道你講的是民主。我這兒有俄羅斯的留學生，一說到民主就想到美國，他會認為你在為美國辯護。某些政客把民主和美國連接在一起，又把美國和霸道連接在一起，所以民主這兩個字就變成美國干涉別國內政的一個東西。

　　民主就是決策的程式透明化，經國先生講的是「公平、公正、公開」。其實西方也不過這樣講，他們講的是程式正義，程式正義很重要，通過程式來實現公平、公正、公開。

跟老百姓講程式正義他們聽不懂，但是講「公平、公正、公開」六個字老百姓就聽的懂。反過來也一樣。即使是壞的民主，老百姓就會被帶到另一個窠臼裡。不管人們如何詬病民主，但是無論如何民主還是好的。全世界的領袖還沒有公開的反對民主，他們只是將本國的民主叫做中國式的民主、俄羅斯式的民主，而不是美國式的民主。

筆：現在的金融危機證明了寡頭的貪婪，是不是這種狀況會影響美國的民主進程？因為在5到10年中，它很難再去說服別人。就像您說的，人們好像心裡覺得民主是不錯的，不希望美國倒台，但美國基本上要完全倒台了。由於它衍生金融危機的黑洞，使得銀行體系遭到破壞。在媒體中也會看到這種狀況，比如在過度商業化的媒體，它會從政府、社會、老百姓那裡提取新聞素材，但是回饋回來的對老百姓來說是混亂。就像中時報最近在寫證嚴法師，他說媒體一再報導虐待兒童，其實這種狀況很少，更多的是溺愛兒童。現在的孩子見到老師不打招呼，沒有禮貌，遇事只想自己，這種也是值得認識的。美國新聞界經常說人咬狗和狗咬人的問題，所以兩方面都要講。

　　我認為美國商業媒體變成一種金融衍生工具，媒體被推向股市，從股市裡賺錢，如果媒體不能賺錢那麼就被拋棄。因此美國遇到了一個一百多年來從來沒有過的媒體倒閉潮。在其他國家就沒有這種狀況。是不是由於金融寡頭的參與使得民主越來越商業化，也就是符合商業原則的民主在輸出時也是打包，即把寡頭的意思加上民主輸出給別的國家。比如顏色革命，基金會會參與它認為不適合的國家的運作，然後產生顏色革命。打包後的和冷戰前的有什麼區別？冷戰前是政府加媒體宣傳民主，打包後政府色彩弱化，變成金融寡頭和媒體去宣傳民主？

王：事實上就像社會主義一樣。社會主義它的原始理念本身當然是
好的。但是以前在西方國家和台灣把社會主義描寫成一種很罪
惡的東西，這叫宣傳法，老百姓不容懂。因為如果你說社會
主義很好，可是中國共產黨在搞，但是你又為什麼反對它呢？
其實我認為大部分的社會主義政權問題並不在社會主義不好，
而在於他們並沒有實行社會主義，掛羊頭賣狗肉，哪怕是相似
的東西都幾乎沒有。以俄羅斯來講，有一位歷史學家流亡到巴
黎去，他說俄羅斯共產主義不能直接叫共產主義，只能叫俄羅
斯共產主義。共產主義只是它的標籤，包裝裡是俄羅斯的東西。

　　真正的民主只是公平公正公開而已，然後設置一種機制
來達到它。美國式的民主當然也有問題。它的對外政策有很大
的部分是公開的，大家都可以參與、表達意見。但是裡面的財
團有相當的作用，它透過媒體等方式來影響選民選舉的行為。
在選舉的時候並沒有人拿著槍逼迫你選哪個人，你會覺得是你
自己投下去的，可是最後的選舉結果通常是財團想要的結果。

　　因為人都是自私的，要肯定這一點。中文中「自私」是
負面的，每個人都不願意承認。我們可以不講這個詞，而講
人都是趨吉避凶的。每個人對吉凶的定義不一樣。有些人愛
權、有人愛錢，有人不愛江山愛美人。所以人趨吉避凶是對
的。民主就是設置在趨吉避凶這個原則上。當你和威權主義
者辯論，他也會講它是趨吉避凶。問題是人確實是趨吉避
凶，好的你就要，不好的就不要。

　　美國的民主社會是兩黨政治，那為什麼是兩黨政治，而
不是三個黨、一百個黨呢？因為兩黨政治在爭權奪利的過程
中，人都有自利之心，他要去爭取那些權力。雖然也有人不
想當總統，然而總會足夠多的人來搶。正因為有人會要，這

個社會上就會形成多黨鄰立。多黨鄰立會引起政策起伏。兩黨政治最穩定。以台灣來講還不夠穩定，因為大小懸殊。而美國則比較穩定，實力差不多，當然它也有其他的黨，如綠黨、NO NOTHING PARTY（一問三不知黨），也有個人參加選舉。台灣叫社會閑黨，美國叫Independent（獨立候選人）。這次美國大選在北方就有一個女星參加選舉。大家都知道她不會當選，但是她還是堅持競選。雖然主流不會支援她，但她還是會得到一些選票。這些閑黨和獨立候選人雖然不可能當選，但是他們還是有作用的，他們會分流掉一些選票，來針對他們不喜歡的人。美國歷史上有兩三次因為這樣的選舉候選人的出現，而使兩黨中的一黨落選。

我曾經和一個同學聊天，旁邊的一個老人突然說要加入我們的討論，他說美國根本沒有兩黨政治，美國只有一個政黨，叫做財團黨。如果東部財團落選，那麼西部財團當選，反之亦然。我到現在仍然記得他的話。就美國人來講確實是很迷茫的，無論他們怎麼選，結果都是財團。選舉這個事情，不是只有台灣國民黨因黨產那麼多而得逞。美國被認為是民主政治的標杆，它也是這樣。那麼是不是就採取俄羅斯式的民主？我認為不好，還是認同美國的民主。因為畢竟是兩個財團，勢均力敵。以台灣來講，很多黨都沒有聲音，根本沒有力量。民進黨的聲音雖然聽得到，但是沒有用處。有個說法叫做「狗在吠火車」。當火車過來的時候，狗在那兒狂吠，但是火車一過來，狗還是要躲開，不然就被火車碾死，然後再叫。這種力量對比只能是像狗在吠火車，吠到聲嘶力竭。

美國有個遊戲叫「chiken」在西部的時代非常普遍，就像俄羅斯在普希金的時候有決鬥。那時西部是無政府狀態，人

的生命沒有保障，你可能被印第安人殺死，也可能被流彈打中。有時候也像在台灣的飆車，對自己對別人都很危險。那個時候美國剛有汽車，兩個人開車對撞，誰的車子散開誰就輸了。兩個人的車勢均力敵，衝力又很大，因此兩個人都可能死，如果兩個人都沒死，那麼大家就認為他們是英雄。現在台灣的飆車就是這樣，誰贏了誰就是英雄。飆車的時候車後通常坐著一個女人，她明知道飆車的男人會死，但是如果不死的話就是英雄，她會崇拜他一生，就是有這種人。

　　車子對撞的時代就是那樣，如果兩方面是火車，衝力更大，所以隔很遠就開始踩剎車熄火了。政治人物當然不會真的撞，他要的不是那個英雄的名號。因為有兩個黨勢均力敵，要挖對方也挖得出來。美國的機制是老百姓自由、秘密地投票，買票是很困難的。如果你去買票，美國人會告發你。但是它會用其他的方式，比如通過媒體等新方式。捐款方面也有規定，比如一個人政治獻金一年是多少，公司是多少，都規定的很清楚。比如說你捐給一萬的話可以直接捐，那麼捐一百萬呢？他會叫你捐給慈濟或其他的基金會，這些組織都是和他有關係的，能夠給他以支持的，以這樣的方式化整為零。因此美國有很多的基金會、慈善事業，做慈善事業也需要政策支援，那就希望爭取議員，所以議員和基金會互相支持。

筆：民進黨時期做跨部門的協調比以前做得多，相反現在國民黨的跨部門的協作反倒比民進黨時期要少？俄羅斯最近又開始做這樣的跨部門協調。你覺得兩個有什麼區別嗎？

王：國民黨不會少。在國民黨時期，它透過黨的協調，做法是主管基本上黨員或者「花瓶」。特別是威權時代會留幾個位置給能夠和國民黨合作的非黨人士，但是戰略的位置不會給這種人。

每個部門都有黨部，行政院也有黨部，行政院的黨部就會協調所有的部，部門的黨部再協調所有的科處。我相信當年的蘇聯和現在的中國共產黨都是這樣做的。西方研究認為各部會都有本位主義，但是都是黨員，所以本位就是黨，就這樣協調。

筆：那豈不是民進黨時期部門的本位主義會更少？

王：恰好相反。陳水扁在任內做過兩次主席。剛開始的時候他不是主席，上台後不久大家推舉他為主席。後來經過一兩年，大家又反對。他政權快結束的時候，謝長廷要去高雄任市長把黨主席的位置讓出來，他去找蘇貞昌兩人繼續搭檔參加競選。還有遊錫堃本來要做黨主席，那時認為國民黨馬英九的特別費有問題，所以民進黨所有的政務官統統被舉報，只是蘇貞昌和謝長廷沒有問題，正好遊錫堃有問題。阿扁兼這兩次。

在我看來，民進黨的缺點在於他們草莽慣了，他們看國民黨黨國不分，等到他們的時代，他們認為不應該繼續這樣做。我認為他們是錯的。因為黨國不分是不對，但是黨的協調不等於黨國不分。黨員在黨內協調有什麼不好呢？不要把黨和國混在一起就好了。

筆：普京原來是利用個人的威望，現在不做總統了，他開始做黨主席，好像俄羅斯又走到黨國體制上了，您怎麼看俄羅斯這個狀況？而且台灣馬英九也有這樣的意思，您怎麼看？

王：他也有可能，也說不定，因為黨內有阻力。不過國民黨內有傳統，他可能很快就克服。蘇聯也不是人人都能克服，像史達林死後，馬林科夫就沒有成功，他的黨只幹了9天就被剝奪了，變成只是做總理，黨就被讓出來了。赫魯雪夫起先只做黨，一步步的把馬林科夫幹掉。他先讓國防部長做，然後再

讓國防部副部長做，副部長是有足夠威望的老將朱可夫，新任國防部長把布加林在國防部的勢力整肅掉。朱可夫把國防部整頓好之後就然後再把朱可夫幹掉。經過這樣的整肅，從1953年到1958年，赫魯雪夫才真正當到總理，順利推動自己的政策。後來勃列日涅夫做黨的總書記，想要把總理的權力奪過來。按傳統總理比較有威望，所以他要做總理。可是總理柯西金基礎很穩固，直到1970年柯西金請辭待命，中央委員會還慰留他。這樣直到1977年修訂憲法，將憲法改為最高蘇維埃主席變成有實權的位置，然後勃列日涅夫讓自己當選為最高蘇維埃主席。柯西金一直當總理，直到1980年10月死掉。勃列日涅夫是在1982年11月2日才死掉。

這樣來說，總統並不當然的掌握最高權力。在台灣，經國先生還是尊重體制，讓老總統的那些遺缺幹到完，然後他才做總統。以總統兼黨主席這個傳統到李登輝上台，大家還是呼喚集體領導，即不要李登輝兼了。其實那時候宋楚瑜是黨的副秘書長，他支持李登輝兼黨主席。因為李煥要打掉余國華，所以支持李登輝。本來召開臨時中常會，本來要等一個禮拜再舉行。政治就是這樣，不能給敵人機會。經國先生死掉後三天，就召開臨時中常會推舉李登輝為黨主席。

筆：那您認為俄羅斯是不是在恢復黨國體制？還是以前俄羅斯葉爾欽時代、普京時代沒有黨國體制？

王：俄羅斯是在恢復黨國體制。葉爾欽時代黨國體制幾乎沒有了，因為戈巴契夫宣佈共產黨解散，之後黨產被沒收，而且黨在政府的活動被認為是非法的。我們讀春秋戰國的歷史，宋襄公不侵二馬。阿扁就是宋襄公，他有一種虛假的理念，即「婦人之仁」，其實那是錯的。因為威權時代問題不在於

　　黨的存在，而在於黨國不分。因為有很多事情政府不能做、做不好或做不到的，就由黨來做。黨作為一個社會團體，他只要不獨佔資源，和別的黨平起平坐。按理論來說，四年之後大家可能換位子，所以就說法律範圍內的都可以做。一個人可以有好幾個身份，只要身份要弄清楚就可以。

筆：逢瑛的老師說在經國先生的夫人菲伊娜的協調下，70年代末時台灣和蘇聯的關係比大陸與蘇聯的關係還要好，這讓中國大陸很尷尬。那時台灣對俄羅斯的研究成為顯學，而大陸當時做俄羅斯研究的基本上都不能去俄羅斯。

王：我想是有可能的。在整個兩蔣的時代，很多制度是蔣經國設計的，甚至是菲伊娜設計的。比如軍隊裡的政工制度就是菲伊娜設計的。 因為在中國大陸的時候，老蔣收編的一些軍閥經常叛變，所以就學習蘇聯的政工制度。另外經濟發展方面，台灣叫四年發展計畫，因為五年容易讓人聯想起共產黨，中國大陸和蘇聯都是五年計劃。這個四年計畫就是要避開「五」。當然也不完全等同于大陸和蘇聯。我個人認為這比較雷同於列寧的新經濟政策。當然台灣會有台灣的特色，它也承襲了日本的影響。台灣的6年國民教育在日本時期就已經普及了，老蔣的貢獻在於9年國民教育。對於一個落後的國家來講，6年國民教育已經很難得了。

　　俄羅斯還是和台灣不一樣，諸如交通等。按毛澤東的說法要創造性的學習，而不是抄襲。所以不能完全抄襲列寧的新經濟政策，這是按我想像，經國先生在那裡有17年，正好趕上列寧的新政策時期。在陽明山那裡有一個菲伊娜領導的團隊專門研究蘇聯的制度，來應用在台灣。台灣的救國團被稱為青年反共救國團，就是共青團嘛，一模一樣。

筆：那您會不會逐漸把俄羅斯的東西給馬英九看一下，因為我覺得完全是美國的東西可能會有些問題。我現在在讀張旭新關於三民主義的一本書。他認為國父孫中山當年在聯俄聯共的基礎是，他看到美國和西方並不看好三民主義，他們支持的軍閥。孫中山的觀點反倒得到了蘇聯列寧的支持。黃埔軍校的位置之所以在長洲島，是因為更好的接受來自蘇聯的軍火。那麼這樣看來國民黨和蘇聯的淵源比共產黨和蘇聯的還要深。

　　台灣一切向美國看齊的話，現在出口方式已經遇到重大的問題。美國從台灣的進口開始減少，台灣變成既要向大陸出口，又向美國出口，或者是更加緊密的聯繫大陸。那麼是不是這時要多關注一下俄羅斯？未來這種基金會、主動地瞭解它。談國民黨的歷史、經國先生的經歷，在新的形勢下，俄羅斯怎麼又搞黨國體制？

王：本來是後面的學習前面的會更有創造性，因為原創者可能有一些包袱。像孫中山講過的「你可以迎頭趕上」。雖然話是這樣講，但有些過程還是跳不過去，需要走一遍。其實很多東西，別人做過的或者失敗的並不是沒有價值。蘇聯倒過一次，現在又要復興，正好前事不忘後事之師，要反思優缺點在哪里。在台灣，國民黨也倒過一次，我認為並不是一無是處。黨的協調不是壞事，重點不在於黨怎麼協調，我們所謂的黨國體制是黨國不分，這確實是不好的。其實在中國歷史上有很多次被打敗甚至被征服，但是中國還繼續存在並壯大，這就是以敵（或狄）為師。蘇聯垮掉也不完全是壞事，不把它拆掉，但是改變它的結構式很困難的，就說把它當做古蹟好了。蘇聯已經倒了，想保留結構做古蹟都不行。

社會科學類　PF0055

國際衝突與國家安全戰略
──國際傳播視角

作　　者／吳非　胡逢瑛
責任編輯／林泰宏
圖文排版／陳宛鈴
封面設計／王嵩賀

發 行 人／宋政坤
法律顧問／毛國樑　律師
印製出版／秀威資訊科技股份有限公司
　　　　　114台北市內湖區瑞光路76巷65號1樓
　　　　　電話：+886-2-2796-3638　傳真：+886-2-2796-1377
　　　　　http://www.showwe.com.tw
劃撥帳號／19563868　戶名：秀威資訊科技股份有限公司
　　　　　讀者服務信箱：service@showwe.com.tw
展售門市／國家書店（松江門市）
　　　　　104台北市中山區松江路209號1樓
　　　　　電話：+886-2-2518-0207　傳真：+886-2-2518-0778
網路訂購／秀威網路書店：http://www.bodbooks.tw
　　　　　國家網路書店：http://www.govbooks.com.tw
圖書經銷／紅螞蟻圖書有限公司
　　　　　114台北市內湖區舊宗路二段121巷28、32號4樓
　　　　　電話：+886-2-2795-3656　傳真：+886-2-2795-4100

2010年12月BOD一版
定價：250元

國家圖書館出版品預行編目

國際衝突與國家安全戰略：國際傳播視角 / 吳非
胡逢瑛著. -- 一版. -- 臺北市：秀威資訊科技,
2010. 12
面；公分. -- (社會科學類 ; PF0055)
BOD版
ISBN 978-986-221-665-1(平裝)

1. 國際衝突 2. 國家安全 3.安全戰略

578.1   99021056

讀者回函卡

感謝您購買本書，為提升服務品質，請填妥以下資料，將讀者回函卡直接寄回或傳真本公司，收到您的寶貴意見後，我們會收藏記錄及檢討，謝謝！如您需要了解本公司最新出版書目、購書優惠或企劃活動，歡迎您上網查詢或下載相關資料：http:// www.showwe.com.tw

您購買的書名：_____

出生日期：_____年_____月_____日

學歷：□高中 (含) 以下　　□大專　　□研究所 (含) 以上

職業：□製造業　□金融業　□資訊業　□軍警　□傳播業　□自由業
　　　□服務業　□公務員　□教職　　□學生　□家管　　□其它____

購書地點：□網路書店　□實體書店　□書展　□郵購　□贈閱　□其他

您從何得知本書的消息？

　□網路書店　□實體書店　□網路搜尋　□電子報　□書訊　□雜誌

　□傳播媒體　□親友推薦　□網站推薦　□部落格　□其他_____

您對本書的評價：（請填代號　1.非常滿意　2.滿意　3.尚可　4.再改進）

　封面設計____　版面編排____　內容____　文／譯筆____　價格____

讀完書後您覺得：

　□很有收穫　□有收穫　□收穫不多　□沒收穫

對我們的建議：_____

_____

_____

_____

11466
台北市內湖區瑞光路 76 巷 65 號 1 樓

秀威資訊科技股份有限公司　　　收

BOD 數位出版事業部

....

（請沿線對折寄回，謝謝！）

姓　　名：_____　年齡：_____　性別：□女　□男

郵遞區號：□□□□□

地　　址：_____

聯絡電話：(日) _____ (夜) _____

E - m a i l：_____